D1717538

Urs Ruf   Peter Gallin

Ich
mache
das
so
!

Sprache und Mathematik

Wie
machst
du
es
?

1. – 3. Schuljahr

Das
machen
wir
ab
.

Interkantonale Lehrmittelzentrale
Lehrmittelverlag des Kantons Zürich

iz
Lehrmittel der Interkantonalen Lehrmittelzentrale

Gestaltung
Kaspar Mühlemann, Wolfau-Druck Weinfelden

Projektleiter Buchherstellung
Jakob Sturzenegger

© Lehrmittelverlag des Kantons Zürich
1. Ausgabe 1995
Printed in Switzerland
ISBN 3 - 906718 - 02 - 6

Das Lehrmittel ist entstanden in Zusammenarbeit mit
Patricia Berger-Kündig, Zürich
Andi Bühlmann, Winterthur
Regula Ruf-Bräker, Bäretswil

Die Beiträge aus den Reisetagebüchern stammen von
Adriana, Andrea, Andy, Angela, Anita, Antonella, Antonio, Aurel, Beni,
Besarta, Burçin, Christian C., Christian T., Christoph, Claudia, Cornelia,
Damian, Dominic, Dominik, Daniela, Dewi, Domingo, Erica, Esther,
Fabienne, Fabio, Felix, Fränzi, Frederico, Gian-Marco, Giordano,
Graziella, Isabelle, Janine, Jasmin A., Jasmin S., José, Loredana, Luca,
Lucia, Marianna, Martin E., Martin S., Messina, Michèle, Miguel, Natascha,
Niels, Nives, Oliver S., Oliver Sch., Ovidio, Patrik, Pedro, Rebeca, Regula,
Romina, Sabrina, Sebnem, Silvia, Simon, Sonia, Stefan, Stefanie,
Valeria, Vera, Vincenzo, Yesim, Zeliha.

. . . .

Das ist ein Buch für Buben und Mädchen,
die lesen, schreiben und rechnen lernen wollen.

. . . .

Es ist ein Buch für Lehrerinnen und Lehrer,
die ihren Kindern Erfindungen zutrauen
und sie auf Entdeckungsreisen schicken.

. . . .

Es ist auch ein Buch für Mütter und Väter,
die erfahren möchten,
was für Schätze sich in den Schulfächern verbergen.

. . . .

Ein Buch für alle,
die sich von den Anfängen faszinieren lassen.

. . . .

Ein Schulbuch neben andern Schulbüchern,
ein Lesebuch,
ein Arbeitsbuch,
ein Sachbuch,
ein Sprachbuch,
ein Mathematikbuch,
ein Geschichtsbuch,
ein Geschichtenbuch,
ein Bilderbuch,
ein Buch für dich.

. . . .

Dieses Buch begleitet dich
durch die ersten drei Schuljahre.
Du kannst darin lesen,
auch wenn du noch keinen Buchstaben kennst.
Zuerst schaust du vielleicht nur die Bilder an.
Vielleicht liest dir jemand vor
oder erzählt dir, was im Buch steht.

. . . .

Möchtest du wissen,
wie es aussieht im Land der Sprache und der Mathematik?
Möchtest du erfahren,
wie man sich dort einrichtet
und was man alles erleben kann?
Das Buch begleitet dich
durch die weiten Landschaften der Zahlen und Wörter.
Es zeigt dir, worauf du achten musst
und wie du mit deinen Erfindungen und Entdeckungen
ein Reisetagebuch gestalten kannst.

. . . .

Du kannst anfangen, wo du willst.
Ein Abschnitt von wenigen Zeilen genügt vielleicht,
um bei dir eigene Ideen zu wecken.
Dann brauchst du keinen Reiseführer mehr.
Dann gehst du auf eigene Entdeckungsreisen.
Vergiss nicht, Spuren in deinem Reisetagebuch zu legen.
Zeig sie den andern Kindern
und lass dir auch erzählen,
was sie alles erlebt haben.
Ihr könnt viel voneinander lernen.
Ich mache das so!
Wie machst du es?
Ist es nötig,
dass wir etwas abmachen?

. . . .

Beim Reisen sucht man den gleichen Ort
oft mehrmals auf.
Andere Orte lässt man aus.
So ist auch dieses Buch gemacht.
Und so darfst du es benützen.

. . . .

Das gleiche Kapitel liest du vielleicht mehrmals:
in der ersten Klasse, in der zweiten Klasse,
in der dritten Klasse.
Vielleicht sticht dir zuerst ein Bild in die Augen
oder die Handschrift eines Kindes.
Vielleicht wagst du einen Versuch.
Vielleicht kannst du es sogar besser.

· · · · · · · · · · · · · · · · · · · ·

An besonders schönen Aussichtspunkten
wird die Reise unterbrochen.
Hier findest du Vorschläge für Ausflüge auf eigene Faust.
Es sind Aufträge, die dir helfen,
neue Gebiete zu entdecken.
Sie sind mit kleinen, schwarzen Punkten markiert.
Aufträge darfst du beim Lesen überspringen,
du darfst auch nur den ersten Teil anpacken;
er ist meistens einfach.
Mit dem zweiten oder dritten Teil
beschäftigst du dich vielleicht erst später.

· · · · · · · · · · · · · · · · · · · ·

Wenn du allein auf Reisen gehst,
kannst du dich verirren.
Das ist nicht so schlimm,
wenn du beim Reisen deutliche Spuren legst.
So haben es auch Hänsel und Gretel im Märchen gemacht.
Auf dem Weg in den fremden Wald
legten sie weisse Kieselsteine hinter sich ab.
Hell leuchtete ihre Spur im Mondlicht.
Darum fanden sie den Weg nach Hause wieder.

· · · · · · · · · · · · · · · · · · · ·

Deine Spuren im Reisetagebuch zeigen,
welche Aussichtspunkte du schon kennst
und auf welchen Wegen
du das Land der Sprache und der Mathematik erkundet hast
So können andere von deinen Erfahrungen lernen.
Sie können dir aber auch helfen,
bequemere Wege einzuschlagen
und Ausflüge in schwierigere Gebiete zu unternehmen.
Wir wünschen dir eine gute Reise!

· · · · · · · · · · · · · · · · · · · ·

Vera schreibt ihre
Entdeckungen immer
ins Reisetagebuch.
Sie ist stolz darauf.
In den Häuschen
schreibt sie
schön regelmässig.
Ohne Häuschen
wird sie ganz
übermütig.
Was gefällt dir besser?

Wenn ich etwas herausgefun-
den habe, dann schreibe ich
es sehr gerne auf. Frau Ruf
hat zu mir gesagt: Vera,
du hast etwas ganz Wichtiges gemerkt. Das musst

du unbedingt auf
schreiben.

Jetzt bin ich ganz
stolz auf diese zwei
Seiten in meinem
Tagebuch

Spuren legen
Spuren lesen

Auch von dir gibt es viele Spuren!
Jetzt lernst du neue Spuren legen:
Spuren im Reisetagebuch.

Erinnerst du dich noch an den letzten Winter?
An den Morgen,
als alles unter einer dünnen, weissen Decke lag?
In der Nacht hat es geschneit.
Jetzt sieht man Spuren im Schnee.
Spuren kann man lesen.
Kannst du herausfinden,
wer das Haus vor dir verlassen hat?
Was erzählen die Spuren auf deinem Schulweg?

Manchmal hinterlässt man Spuren,
ohne es zu wollen.
Manchmal ärgern sich die andern darüber.
Was passiert,
wenn du mit schmutzigen Schuhen
ins Wohnzimmer stürmst?
Und was passiert,
wenn man auf dem Tisch
oder gar auf dem Boden nachlesen kann,
was du gegessen hast?
Auch unsere Kleider tragen Spuren;
sie zeigen,
wo wir gewesen sind
und was wir gemacht haben.
Es sind Spuren, mit denen man viel Arbeit hat,
weil man sie immer wieder entfernen muss.

Manchmal entstehen aber auch lustige Spuren,
Spuren, über die man sich freut.
Ganz zufällig hat ein Fotograf
Spuren auf einem verschneiten Vorplatz entdeckt
und schnell ein Bild geschossen.

Diéses Bild hat
René Camenzind geknipst.
Er hat die Herzen
an einem Wintermorgen
auf dem Weg zur Arbeit
entdeckt.

Die Spuren stammen von einem Auto.
Gefällt dir die liebevolle Nachricht?
Ob der Fahrer sie absichtlich zurückgelassen hat?
Vielleicht bist du ein findiger Detektiv.
Dann kannst du erklären,
was das Auto gemacht hat.
Welche Spur stammt von den Hinterrädern?
Wo ist das Auto vorwärts gefahren, wo rückwärts?
Wie hat der Fahrer das Steuerrad bewegt?

Spuren erzählen oft ganze Geschichten.
Das kann man in den Büchern über Indianer lesen.
Oder man kann einen Jäger fragen.
Ob auch die Hunde Geschichten erleben,
wenn sie mit der Nase am Boden eine Spur verfolgen?
Es gibt Spuren,
über die auch du etwas zu erzählen weisst.
Spuren, die dein Lieblingstier
im weichen Boden hinterlässt.
Spuren eines Fahrrads,
das durch eine Pfütze gefahren ist.
Ein Rennrad hinterlässt andere Spuren als ein Rad,
mit dem man über Stock und Stein fährt.

Spuren lesen

. Suche eine Spur,
die du gut kennst,
und zeichne sie ab.

.. Zeig deine Spur einem andern Kind.
Kann es sie lesen
und sagen, von wem sie stammt?

... Findest du noch schwierigere Spuren?
Zeichne sie auch ab.

Spuren können einen verraten.
Mit Spuren kann man aber auch andere täuschen.
Dazu eine alte Geschichte aus der Stadt Solothurn.
Damals gehörte Solothurn noch nicht zur Schweiz.
Mit andern Städten zusammen
kämpfte Solothurn immer wieder
gegen die Adelsfamilien und die Ritter.
In der Nacht vom 10. auf den 11. November 1382
versammelte sich ein Ritterheer
beim feindlichen Schloss Bipp,
etwa zehn Kilometer vor Solothurn.
Der Bauer Hans Roth aus Rumisberg
beobachtete die Ritter und hörte,
dass sie die Stadt überfallen
und die Bürger töten wollten.
Sofort machte er sich auf den langen Weg,
um die Solothurner zu warnen.
Im frischen Schnee,
der in der Nacht hell leuchtete,
konnte man seine Spuren gut erkennen.
Darum band er seine Schuhe verkehrt herum an die Füsse.
Er wollte die Ritter täuschen,
die hinter ihm zur Stadt schlichen.
Sie sollten ja nicht merken,
dass jemand die Solothurner geweckt hatte.
So hat Hans Roth die ganze Stadt gerettet.

Aus Dankbarkeit wurde Hans Roth reich belohnt.
Bis auf den heutigen Tag
erhält immer der älteste Nachkomme
der Familie Roth aus Rumisberg
ein Solothurner Ehrenkleid aus rotem und weissem Stoff
und einen Ehrensold.
Früher waren das 94 Franken und 15 Rappen pro Jahr,
heute sind es 1000 Franken.

Geschichten sind Spuren,
die uns erzählen,
wie die Menschen früher gelebt haben.
Es gibt aber auch Spuren,
die älter sind als alle menschlichen Geschichten.
Hast du auch schon eine Versteinerung in der Hand gehabt?
Versteinerungen sind Spuren von Tieren und Pflanzen,
die oft vor mehr als 100 Millionen Jahren gelebt haben.
In alten Steinbrüchen
kannst du mit etwas Glück
heute noch Versteinerungen finden.

Auf diesem Bild siehst du
zwei versteinerte Tiere.
Sie heissen Ammoniten.
Sie hatten ein Häuschen
wie Schnecken.
Sie sahen aus
wie Tintenfische.
Die Ammoniten lebten
zur gleichen Zeit
wie die Dinosaurier.
Sie alle sind vor etwa
70 Millionen Jahren
ausgestorben.

Spuren von Menschen gibt es
seit etwa einer Million Jahre.
Die ersten Menschen haben das Feuer entdeckt:
Am Feuer kann man sich wärmen,
mit dem Feuer kann man kochen.
Die ersten Menschen haben auch Werkzeuge hergestellt,
um sich die Arbeit zu erleichtern:
Faustkeile zum Hämmern,
Schaber zum Kratzen,
Stichel zum Schnitzen,
Spitzen zum Stechen.

So haben Faustkeile,
Schaber und Stichel
ausgesehen.
Du musst sie dir viermal
so gross vorstellen.

Zuerst haben die Menschen nur an die Arbeit gedacht.
Später haben sie sich Zeit genommen,
Figürchen zu formen und Bilder zu malen.
Menschen, die in Höhlen lebten,
haben zum Beispiel Tiere an die Wände gemalt,
die sie verehrten oder jagen wollten.
Berühmt sind die Kühe und Pferde
aus der Höhle von Lascaux in Frankreich,
die vor 15 000 Jahren gemalt worden sind.

Kühe und Pferde
aus der Höhle Lascaux
in Frankreich

Auch sich selber haben die Höhlenbewohner abgebildet.
Zum Beispiel ihre Hände.
In der Höhle von Gargas, nahe der Grenze zu Spanien,
findet man über 150 Handabdrücke
in Rot, Schwarz und Gelb.
Nicht immer sind alle Finger gestreckt.
Haben die Höhlenbewohner
eine Zeichensprache gefunden?

Die Hände
in der Höhle von Gargas
sind etwa 30 000 Jahre
alt.

Vielleicht bist du jetzt ein bisschen neidisch
auf die Höhlenbewohner.
Farben einfach so auf die Höhlenwand spritzen!
Das würde dir bestimmt auch gefallen.
Doch Höhlenwände sind schwer zu finden,
und die Wände in unseren Häusern
darf man nicht einfach so bemalen.
Wenn die Menschen heute
malen, zeichnen oder schreiben wollen,
nehmen sie meistens Papier.
Papier ist schön flach,
und man kann es leicht
von einem Ort zum andern tragen.

Spuren auf dem Papier
bleiben nicht so lange erhalten
wie Spuren auf der Höhlenwand.
Trotzdem lohnt es sich, eigene Spuren zu legen
und sie nicht sogleich zu verwischen.
Im Reisetagebuch
kannst du alle Spuren sammeln,
die du in der Schule legen und lesen lernst.
Das Reisetagebuch begleitet dich auf deiner Reise
in die Welt der Zahlen und Wörter,
die du in der Schule nach und nach kennenlernst.
Wenn du von Zeit zu Zeit zurückblätterst,
wirst du dich freuen an deinen früheren Spuren,
und du wirst sehen, wie du Fortschritte machst.

Vielleicht hast du schon erste Spuren
im Reisetagebuch gelegt.
Vielleicht fängst du jetzt gerade
mit deinem Reisetagebuch an.
Am besten nimmst du ein Heft ohne Linien,
wie man es zum Zeichnen braucht.
Was kommt auf die erste Seite?
Ein Bild von dir?
Dein Name?
Wie wäre es mit dem Abdruck deiner eigenen Hand?

Die Hand ist ein wichtiger Teil von dir,
fast wie das Gesicht.
Man reicht sich die Hand zum Gruss.
Mit der Hand gibt man sich ein Versprechen
oder macht einen Tauschhandel ab.
Das war wohl schon bei den Höhlenbewohnern so.

Auch Marianna hat ihre beiden Hände
im Reisetagebuch abgezeichnet.
Es ist schon ihr zweites Heft.
Marianna weiss schon,
wie man Wörter von der Tafel abschreibt.
Sie kann die Buchstaben recht gut schreiben,
nur der Strich beim **n** hat sich etwas verirrt.
Gut, dass Marianna das Datum hingeschrieben hat;
sonst wüssten wir nicht,
dass sie erst seit sieben Wochen in der Schule ist.

Deine Hand
ist ein Zeichen
von dir!

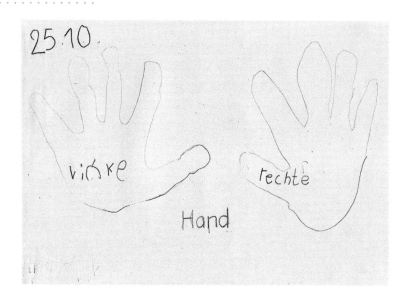

Spuren legen

Zeichne deine beiden Hände ins Reisetagebuch.
Kannst du ein Bild der Hände hervorzaubern,
wie es die Höhlenbewohner gemacht haben?

Kannst du deinen Namen dazuschreiben?
Vielleicht hilft dir jemand.

Gibt es eine andere Spur von dir,
die du im Reisetagebuch eintragen kannst?

Es ist gar nicht so schwer,
Spuren im Reisetagebuch zu legen.
Spuren kannst du auch dann legen,
wenn du noch keinen einzigen Buchstaben kennst:
so, wie die Höhlenbewohner es gemacht haben,
oder so, wie es Menschen machen,
die nie schreiben gelernt haben.
Manchmal ist es wirklich wichtig,
dass man etwas aufschreibt,
damit man ja nichts vergisst.
Wie viele verschiedene Dinge kannst du im Kopf behalten,
wenn du für die Familie einkaufen musst?
Hast du auch schon einen Einkaufszettel geschrieben?
Das geht ganz ohne Buchstaben!

Einkaufszettel
einer ostfriesischen
Botenfrau

Hast du verstanden,
was auf diesem Einkaufszettel steht?
Eine Frau aus Ostfriesland
hat ihn vor gar nicht so langer Zeit geschrieben.
Der Weg in die Stadt ist lang,
und sie muss an vieles denken:
Reis,
ein zwiebelartiger Lauch,
ein Schwamm für die Schiefertafel,
ein Topf,
Wurmkuchen, ein Heilmittel gegen Verstopfung,
eine bestimmte Menge Wein,
Schweinefleisch,
all das steht auf der ersten Zeile des Zettels.

Auf der zweiten Zeile ist ein Mann abgebildet,
der ein Schwein schlachtet.
Dieser Mann soll ins Dorf kommen,
und er soll zwei Schweineblasen mitbringen.
Daneben ist ein Mann gezeichnet,
der einer Frau einen Brief übergibt.
Das Bild soll die Botenfrau daran erinnern,
dass sie einen Liebesbrief des Dorfschmieds
in der Stadt abgeben soll.
So komplizierte Dinge kann man auf Papier festhalten,
auch wenn man noch kein einziges Wort schreiben kann.

Einkaufszettel

.

Was bedeuten die Zeichnungen der ostfriesischen Botenfrau?
Wie zeichnet sie Reis? Wie zeichnet sie Wein? Erzähle!
Schreibe und zeichne ins Reisetagebuch.

. .

Schreibe oder zeichne einen eigenen Einkaufszettel.
Geh einkaufen.
Hast du wirklich nichts vergessen?

. . .

Schau den Einkaufszettel eines anderen Kindes an.
Was kannst du verstehen, was nicht?

Auch Rechnungen kann man aufschreiben,
bevor man die Zeichen für die Zahlen kennt.
Ein Indianer möchte den Pelz eines Bisons,
eines Wiesels und eines Fischotters gegen ein Gewehr
und eine bestimmte Anzahl Biberfelle eintauschen.
So sieht sein Vorschlag für einen gerechten Tausch aus.

Geschäftsbrief
eines Indianers

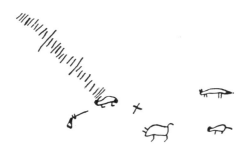

Ein Zeichen in diesem Geschäftsbrief ist besonders wichtig:
Das Zeichen für Gerechtigkeit.
Der Indianer schreibt dafür ein Kreuz in der Mitte.
Was links vom Kreuz steht, hat den gleichen Wert wie das,
was rechts vom Kreuz steht.
Das Kreuz erinnert
an die indianische Armbewegung für Tausch:
Man streckt beide Zeigefinger nach oben
und kreuzt dann die Hände.

Gleicher Wert

.
Schau den Geschäftsbrief des Indianers genau an.
Wie viele Biberfelle will er haben?
Warum sind zwei Biberfelle länger gezeichnet als die andern?

. .
Beim Einkaufen hast du auch einen Tausch gemacht.
Zeichne diesen Tausch so in dein Reisetagebuch,
wie es der Indianer im Geschäftsbrief gemacht hat.

. . .
Schau den Geschäftsbrief eines anderen Kindes an.
Was kannst du verstehen, was nicht?

23

Wenn wir in der Mathematik aufschreiben wollen,
dass die linke Seite den gleichen Wert hat
wie die rechte Seite,
schreiben wir auch zwei Striche dazwischen.
Wir machen aber kein Kreuz,
sondern zeichnen zwei Striche
schön parallel nebeneinander:

═══════

Hast du dieses Zeichen auch schon gesehen?
Es heisst

Gleichheitszeichen .

Beim Rechnen braucht man es fast immer.
Schau einmal nach!
Im Schulzimmer gibt es bestimmt viele Gleichheitszeichen.
Vielleicht verstecken sie sich in Büchern.

Das Gleichheitszeichen ist noch gar nicht so alt.
Zum ersten Mal findet man es in einem Buch,
das im Jahr 1557 in England gedruckt worden ist.
Das Buch stammt vom Arzt Robert Record.
Er fand es langweilig, bei jeder Rechnung immer wieder

ist gleich viel wie

zu schreiben.
Darum erfand er das Gleichheitszeichen.
Mit diesem Zeichen will er uns sagen:
Nichts ist gleicher als zwei gleich lange, parallele Striche.

Das Gleichheitszeichen darf man nur brauchen,
wenn man die linke Seite
mit der rechten Seite tauschen kann,
ohne dass jemand zu kurz kommt.
Die Dinge, die sich beim Tauschen kreuzen,
sind zwar meistens sehr verschieden,
sie müssen aber genau den gleichen Wert haben.
Siehst du den kleinen Unterschied?

Nicht die Dinge sind gleich,
gleich ist nur der Wert, den wir ihnen geben.
Darum darfst du das Gleichheitszeichen nie
zwischen die Dinge allein schreiben,
sondern nur zwischen das,
was gleich ist an den Dingen.

Stell dir nur einmal vor,
jemand würde schreiben: Vater = Mutter.
Das wäre ja schrecklich!
Vater und Mutter kann man doch wirklich nicht tauschen.
Trotzdem kann zwischen Vater und Mutter vieles gleich sein.
Vielleicht sind Vater und Mutter gleich alt
oder gleich schwer.
Dann darf man schreiben:
Aiter des Vaters = Alter der Mutter;
Gewicht des Vaters = Gewicht der Mutter.
So ist es auch, wenn du eine Gleichheit
zwischen einer Mauer und einem Wagen oder
zwischen einem Fahrrad und einem Paar Ski entdeckst:
Gleich sind nicht Mauer und Wagen oder Fahrrad und Ski,
sondern vielleicht nur ihre Länge oder ihr Preis.
Du darfst also schreiben:
Länge des Wagens = Länge der Mauer,
Preis des Fahrrads = Preis der Ski.

Vergleichbares

. Suche zwei Dinge, die ganz verschieden sind.
Findest du trotzdem etwas, was bei beiden gleich ist?

.. Zeig deine beiden Dinge einem andern Kind.
Findet es heraus, was gleich ist?

... Findest du zwei Dinge,
die überhaupt nichts Gemeinsames haben?

Wenn man zwei Dinge nebeneinander stellt
und wenn man sie lange genug anschaut,
findet man fast immer etwas,
was man vergleichen kann:
die Länge, die Farbe, das Gewicht, die Temperatur.
Nur selten aber ist das, was man vergleicht, wirklich gleich:
der Himmel ist blau, die Wiese ist grün;
der Fels ist hart, das Wasser ist weich;
das Wiesel ist schnell, die Schnecke ist langsam.
Auch beim Rechnen ist das so.
Man hat grosse Zahlen und man hat kleine Zahlen.
Und wenn man sie miteinander vergleichen will,
muss man das Gleichheitszeichen ein bisschen abändern.
Steht links eine grössere Zahl als rechts,
zieht man das Gleichheitszeichen links ein bisschen auf
und drückt es rechts ganz zusammen.
Dann sieht es so aus:

grosser Wert $\quad > \quad$ **kleiner Wert**

Steht rechts eine grössere Zahl als links,
öffnet man das Zeichen auf der rechten Seite
und schreibt zum Beispiel $2 < 5$.
Das tönt so: Zwei ist kleiner als fünf.

kleiner Wert $\quad < \quad$ **grosser Wert**

Manchmal ist es nicht schön,
als Kleiner neben einem Grossen zu stehen.
Siehst du,
wie die Spitze des neuen Zeichens auf den Kleinen zeigt?
Man hat fast Mitleid mit ihm.
Die kleine **2** steht neben der grossen **5**.
Wie könnte man beide gleich gross machen?
Man könnte ja beiden etwas geben,
dann wären beide zufrieden.
Zum Beispiel so: $2 + 4 = 5 + 1$.
Jetzt steht links und rechts der gleiche Wert,
jetzt darf man ein Gleichheitszeichen schreiben.

Grösser, gleich oder kleiner?

. Denk dir eine Zahl und lass die andern Kinder raten.
Wie lange geht es, bis sie die richtige Zahl finden?
Du antwortest nur mit **zu gross**, **zu klein** oder **gleich**.

.. Schreibe die Zeichen $>$ $=$ $<$ schön gross in dein Reisetagebuch.
Kannst du links und rechts von jedem Zeichen
eine passende Zahl hinschreiben?

... Nimm zwei ungleiche Zahlen.
Hast du eine Idee,
was man dazugeben könnte,
damit zwei gleich grosse Zahlen entstehen?

Wenn man Zahlen vergleicht,
ist es nicht so schwer,
beide Seiten gleich gross zu machen.
Wenn man aber zwei Dinge tauschen will,
weiss man oft nicht sofort, welche Seite mehr Wert hat.
Dann beginnt das Feilschen.
Erinnerst du dich an einen solchen Tauschhandel?
Was wolltest du haben vom andern Kind?
Was hast du ihm dafür angeboten?
Habt ihr euch zuerst ein bisschen gestritten?
Zum Beispiel: Mein Teddybär ist grösser als dein Affe.
Oder: Dein Armband hat weniger Wert als meines.
Wie habt ihr euch geeinigt?
Vielleicht hast du noch die kleine Maus verlangt:
Affe und Maus zusammen sind
gleich gross wie der Teddybär.
Und wie habt ihr es mit den zwei Armbändern gemacht?
Vielleicht kann ein Ringlein den Wert ausgleichen.

Auch die Erwachsenen müssen manchmal lange streiten,
bis sie beim Tauschen einig sind.
Damit sie ihre Abmachungen nicht vergessen,
schreiben sie eine Urkunde.
Urkunden sind Spuren eines gerechten Tauschs.

Streiten, bis es gleich ist

.
Nimm zwei gleich lange Holzstäbe,
mit denen du die Zeichen $>$ oder $=$ oder $<$ legen kannst.
Vergleiche jetzt ein paar Dinge, die dir gehören.
Ein Ding kommt auf die linke Seite, das andere auf die rechte Seite.
Welches hat den grösseren Wert?
Leg die beiden Holzstäbe richtig dazwischen.

. .
Was würdest du gern mit einem andern Kind tauschen?
Leg dein Angebot auf die eine Seite der Hölzchen.
Kannst du das andere Kind zum Tausch überreden?
Legt es das, was du haben möchtest, auf die andere Seite?
Leg jetzt die Hölzchen so hin, wie es für dich richtig ist.
Ist das andere Kind einverstanden oder verlangt es noch mehr?
Ändert eure Angebote,
bis ihr die beiden Hölzchen schön parallel hinlegen könnt.

. . .
Ist ein Handel perfekt, schreibt man eine Urkunde.
Das hat der Indianer so gemacht, und das kannst du auch.
Schreibe die Spuren eines gerechten Handels in dein Reisetagebuch.
Zum Beispiel so:
Wert von Affe und Maus $=$ Wert des Teddybärs.
Affe, Maus und Teddybär darfst du natürlich auch zeichnen.

Schreiben wäre ganz einfach,
wenn man alle Zeichen oder Bilder selber erfinden dürfte.
Mit eigenen Zeichen kannst du heute schon
alles schreiben, was du willst.
Das Schreiben mit einer privaten Schrift ist einfach,
aber das Lesen ist schwierig.
Man hat Mühe,
die eigenartigen Zeichen zu verstehen,
die jeder auf seine Weise malt.
Die Reiskörner der ostfriesischen Botenfrau
könnten ja auch Erbsen sein.
Und das Wiesel des Indianers könnte ein Marder sein.

Auch wenn du gut zeichnen kannst,
ist es nicht sicher, ob die andern dich richtig verstehen.
Du musst ihnen beim Lesen helfen.
Das ist nicht so schlimm,
wenn deine Leserinnen und Leser neben dir sitzen.
Dann können sie dich fragen:
Wie machst du es?
Und du kannst erklären:
Ich mache das so!
Einfacher wird es mit dem Lesen,
wenn alle die gleichen Zeichen brauchen.
Darum müssen die Menschen
immer wieder miteinander reden und sich einigen:
Das machen wir ab.

Vor etwa 6000 Jahren
haben die Menschen die Schrift erfunden.
Die ältesten Schriftzeichen waren Bilder.
Die Bilder waren aber keine Zeichnungen,
die jeder frei erfinden durfte.
Bei jedem Bild war klar abgemacht,
was es bedeuten sollte.

So sehen die ältesten
Schriftzeichen aus.
Sie sind über 5000 Jahre alt.
Die Sumerer haben
untereinander abgemacht,
was sie bedeuten sollen.

Diesen alten Schriftzeichen sieht man noch gut an,
was sie bedeuten.
Du kannst sicher schnell sagen,
welches Bild **Fisch**, **Vogel**, **stehen** oder **Korn** bedeutet.
Ganz anders ist es, wenn du ein geschriebenes Wort
aus unserer Sprache anschaust.

29

Siehst du dem Wort **Fisch** an,
dass damit ein Fisch gemeint ist?
Kannst du in den fünf Buchstaben von **Vogel**
einen Flügel oder einen Schnabel sehen?
Was stellt sich ein Kind aus Italien oder aus der Türkei vor,
wenn es die Buchstaben **Fisch** und **Vogel** sieht?

Ist das nicht merkwürdig?
Du kannst Wörter verstehen,
welche die Sumerer vor 5000 Jahren geschrieben haben.
Die Wörter aus deiner eigenen Sprache dagegen
musst du zuerst lesen lernen,
bevor du sie verstehen kannst.
Warum ist das so?
Die Zeichen, mit denen die Sumerer geschrieben haben,
zeigen, wie die Dinge aussehen.
Die Zeichen, mit denen wir schreiben, zeigen,
wie die Wörter tönen.
Wenn du also schreiben lernen willst,
musst du ganz genau zuhören lernen.
Und du musst ganz langsam sprechen,
sonst hörst du die wichtigen Laute nicht.
Sprich ganz langsam **Fisch** .
Hörst du die drei Laute?

F .... **i** .... **sch** ....

Gut hört man den Laut am Anfang.
Beim Laut am Ende muss man schon genau aufpassen.
Ganz schwierig ist der Laut in der Mitte.

Hören und Zeichnen

. 	Sammle Wörter, die am Anfang gleich tönen.
Sprich die Wörter den andern Kindern ganz langsam vor.
Finden sie auch, dass deine Wörter mit dem gleichen Laut anfangen?

.. 	Bitte jemanden, dir den Buchstaben für deinen Anfangslaut
ins Reisetagebuch zu schreiben:
schön gross, in die Mitte einer Seite.

. . . .

Zeichne rund um den Buchstaben herum
Bilder von allen deinen Wörtern.
Die Zeichnungen dürfen so einfach sein wie die Bilder der Sumerer.

· · · ·

Findest du auch Wörter,
bei denen dein Laut in der Mitte oder am Schluss ist?
Hört man diesen Laut beim Sprechen gut?

Angela hat das B gewählt.
Sie findet das Schreiben noch etwas anstrengend.
Darum hat sie Wörter und Bilder
aus Zeitungen ausgeschnitten.
Angela hat zwei Wörter gefunden,
bei denen das B in der Mitte ist.
Alle Buchstaben B hat sie auf eine Linie geklebt.

Angela überlegt genau,
ob der Buchstabe **B**
am Anfang,
in der Mitte
oder am Schluss steht.
Für jede Stelle
zeichnet sie ein Kästchen.
Bei den Bratwürsten
steht ein Punkt
im ersten Kästchen.

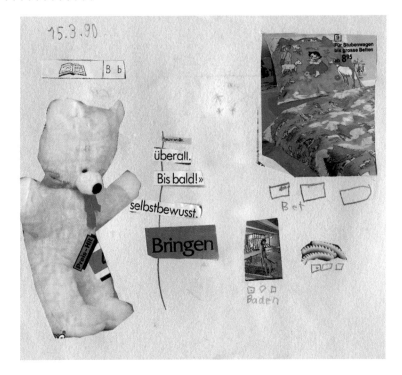

Die Buchstaben zeigen dir, wie die Wörter tönen.
Aber du musst aufpassen:
Manchmal schreibt man zwei verschiedene Buchstaben,
obwohl es genau gleich tönt.
Fisch tönt am Anfang genau gleich wie **Vogel** .
Aber einmal steht ein **F** und einmal ein **V**.
Manchmal schreibt man nur einen einzigen Buchstaben,
obwohl es ganz verschieden tönt.
Hör einmal genau zu, wie dieser Satz tönt:

Er hatte kein Bett.

Viermal ein gleiches **e**,
und viermal ein anderer Laut.
Das erste **e** tönt lang,
und dein Mund ist angespannt wie beim Lachen.
Das zweite **e** tönt nur ganz schwach,
fast wie ein **ö** .
Das dritte **e** hat sich mit dem **i** verheiratet
und tönt jetzt wie **a** .
Das vierte **e** tönt kurz,
und dein Mund ist entspannt wie beim Gähnen.

Buchstaben sind Spuren von Klängen.
Sie verraten uns, wie die Wörter tönen könnten.
Aber man muss oft ein kluger Detektiv sein,
um den guten Klang zu finden.
Es ist fast so wie bei den Spuren im Sand.
Oder bei den Spuren im Schwimmbad.
Der nasse Fussabdruck eines Mannes
sieht vielleicht ein bisschen anders aus
als der nasse Fussabdruck einer Frau.
Ganz gut kann man die fünf Zehen erkennen.
Man sieht aber nicht,
dass die Zehennägel der Frau schön rot angemalt sind.
So ist es auch bei den Buchstaben.
Man sieht ganz gut,
dass in **er** und **Bett** ein **e** vorkommt.
Aber man sieht nicht,
dass es bei **er** schön lang und hell tönt
und bei **Bett** kurz und weniger hell.

Jedes Wort hat seinen Klang.
Wir hören gern zu,
wenn jemand die Wörter schön zum Klingen bringt.
Und manchmal ärgern wir uns,
wenn jemand ein schwieriges Wort falsch ausspricht.
Kennst du solche Wörter?
Wie ist es bei deinem Namen?
Kennst du schon alle Namen der Kinder in deiner Klasse?
Kannst du sie schön zum Klingen bringen?
Sieht man den Buchstaben an, wie der Name tönen muss?

Namenbilder und Namenklänge

. Schreibe deinen Namen auf ein leeres Blatt im Reisetagebuch.
Du darfst ihn auch abzeichnen.

.. Nimm dein Reisetagebuch
und mach eine Reise durch das Schulzimmer.
Alle andern Kinder dürfen ihren Namen in dein Reisetagebuch schreiben.
Hast du auch ein Autogramm deiner Lehrerin?

... Versuch die Namen schön zum Klingen zu bringen.
Tönen die gleichen Buchstaben immer gleich?

Romina hat einen
klangvollen Namen.
Die Lehrerin hat für sie
ein Kleeblatt gezeichnet
und den Namen
hineingeschrieben.

Romina freut sich darüber,
dass sie ihren Namen aufschreiben kann.
Sie hat ein ganzes Blatt mit ihrem Namen gefüllt.
Zuerst hat sie Buchstaben um Buchstaben
von der Vorlage abgezeichnet.
Später hat sie ihren Namen auswendig geschrieben.
Romina hat ihr Heft immer wieder gedreht.
Zweimal hat sie mit ihren Buchstaben einen Turm gebaut.
Einmal hat sie die Buchstaben so geschrieben,
wie man sie in einem Spiegel sieht.
So ist ein schöner Namenteppich entstanden.

Rominas
Namenteppich

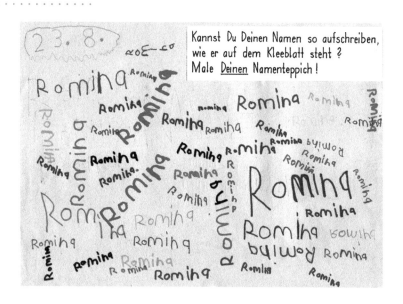

Oliver hat viele Namen von andern Kindern gesammelt.
Die Kinder gehören alle zur gleichen Schülergruppe.
Die Gruppe heisst **Schmetterling** .
Wie viele Kinder sind in dieser Gruppe?
Nicht alle Kinder haben die Buchstaben
richtig abgeschrieben.
Welche Buchstaben schreibt man anders?

Oliver hat im Reisetagebuch
Autogramme von andern
Kindern gesammelt.
Vera hat ihren Namen
zweimal geschrieben.
Einmal normal,
einmal in Spiegelschrift.

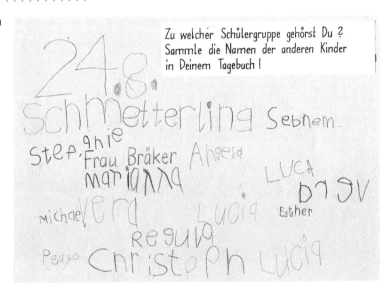

In der Gruppe von Oliver
gibt es Kinder mit einfachen Namen.
Pedro kann man ganz leicht lesen.
Auch **Regula** kann man leicht lesen.
Man sieht den Buchstaben an, wie sie tönen müssen.
Bei **Vera** muss man schon etwas aufpassen:
Das **V** tönt nicht so wie bei **Vogel**,
sondern so wie bei **Wald** .
Angela tönt wie **Andschela** .
Auch **Christoph** ist ein schwieriger Name.
Er hat neun Buchstaben, aber man hört nur sieben Laute.
Wie spricht man **Sebnem** aus?
Sebnem kommt aus der Türkei.
Sie muss ihren Namen ganz deutlich vorsprechen.
Er tönt wie **Schebnem** .

Wie viele Kinder sind in deiner Klasse?
Wie viele Autogramme stehen in deinem Reisetagebuch?
Kannst du alle Namen schön aussprechen?
Versuch es einmal!
Sprich einen Namen ganz langsam.
Sprich ihn nachher ganz schnell.
Betone ihn richtig.
Hörst du, wie er klingt?
Am schönsten tönt es,
wenn du ganz fest an das Kind denkst,
dem der Name gehört.
Ist es gross oder klein,
blond oder dunkel,
traurig oder fröhlich?
Sprich den Namen ganz laut.
Flüstere ihn.
Sprich ihn ganz ohne Ton,
bewege deine Lippen so deutlich,
dass man die Buchstaben ablesen kann.

Wie viele Namen kannst du jetzt schon zum Klingen bringen
Kannst du sie auch aufschreiben?
Wie viele Buchstaben brauchst du dafür?

Diese Buchstaben werden
dich ein Leben lang
begleiten.
Den letzten, das ß , braucht
man in der Schweiz nicht.
Er heisst Eszett oder Scharf-s
und steht manchmal für **ss** .

a A	f F	k K	p P	u U	z Z
b B	g G	l L	q Q	v V	ä Ä
c C	h H	m M	r R	w W	ö Ö
d D	i I	n N	s S	x X	ü Ü
e E	j J	o O	t T	y Y	ß

Buchstabensuche

. In der Tabelle siehst du die Buchstaben unserer Schrift.
Wie viele sind es?

.. Suche in der Tabelle die Buchstaben,
die in deinem Namen vorkommen.
Färbe sie rot!

... Suche auch die Buchstaben,
die in den Namen der andern Kinder vorkommen.
Färbe sie auch!

.... Gibt es noch Felder ohne Farbe in der Tabelle?
Suche Namen, in denen die ungefärbten Buchstaben vorkommen.

**Hast du gemerkt,
dass wir nur dreissig Buchstaben brauchen,
um alles aufzuschreiben, was uns in den Sinn kommt?
Dreissig Buchstaben hast du bald einmal gelernt, auch
wenn sie einmal gross und einmal klein daherkommen.
Es ist leichter und lustiger,
wenn du beim Lernen alle deine Sinne brauchst:
Augen, Ohren, Nase, Mund und Finger.**

Buchstabenforschen

. Wähle einen Buchstaben zum Erforschen.
Suche in deiner Umgebung Dinge,
die aussehen wie dein Buchstabe,
und zeichne sie ins Reisetagebuch.
Kannst du dich selber so hinstellen,
dass du so aussiehst wie dein Buchstabe?
Vielleicht muss dir ein anderes Kind helfen.

.. Kannst du deinen Buchstaben durch Tasten erraten?
Schneide ihn aus Glaspapier aus
und lerne ihn mit verbundenen Augen kennen.

37

. . . .

. . . Wie schmeckt oder riecht dein Buchstabe?
Suche Nahrungsmittel,
die mit deinem Buchstaben anfangen.
A riecht wie ein Apfel.
Z ist sauer wie eine Zitrone.
Lass auch die andern Kinder probieren.

. . . .

. . . . Suche Bilder von Dingen,
die zu deinem Buchstaben passen.
Wie tönt der Name des Dings?
Hört man deinen Buchstaben gut?
Steht er am Anfang, in der Mitte oder am Schluss?
Schreibe die Wörter auf und übermale deinen Buchstaben.

. . . .

Buchstaben kann man auch
vorturnen.
Wie beweglich bist du?
Schaffst du alle Buchstaben?

. . . .

Dreissig Buchstaben brauchen wir,
um Spuren vom Klang unserer Wörter zu legen.
Wenn du in China zur Schule gehen würdest,
müsstest du viel mehr lernen.
Die Chinesen haben eine Art Bilderschrift wie die Sumerer.
Jedes Wort hat sein eigenes Zeichen.
Stell dir vor:
Für zwanzig Namen musst du zwanzig Zeichen lernen.
Bestimmt kennst du hundert Menschen mit ihren Namen.
Um sie alle aufzuschreiben,
müsstest du hundert Zeichen kennen.
Tausend Zeichen müsstest du lernen,
um ab und zu einen Brief zu schreiben.

So schreiben die Chinesen.
Für jedes Wort gibt es ein Zeichen.
Das Zeichen ist eine Art Bild.
Es zeigt, wie ein Ding aussieht.
Man weiss aber nicht,
wie das Wort tönt.
Gefallen dir die Zeichen
der Chinesen?
Möchtest du lieber
Chinesisch oder Sumerisch lernen?

alte Form (Bild)	moderne Form (Symbol)	Bedeutung	Erklärung
手	手	Hand	Unterarm mit fünf Fingern
米	木	Baum	Stamm mit Zweigen und Wurzeln
孕 尺	子	Kind	
仏	心	Herz	
圇雨	雨	Regen	Himmelsgewölbe mit Regentropfen

Es ist schwierig, die chinesische Schrift zu lernen.
Aber es lohnt sich.
In China gibt es viele verschiedene Sprachen.
Und viele Chinesen verstehen sich nicht,
wenn sie miteinander sprechen.
Sie verstehen sich aber, wenn sie einander schreiben.
Ist das nicht praktisch?

Stell dir einmal vor,
wir hätten in der Schweiz eine Bilderschrift.
Dann könnte man eine einzige Zeitung drucken,
und die Leute in Lugano, Genf, Zürich und Scuol
könnten diese Zeitung lesen,
auch wenn sie nur italienisch, französisch,
deutsch oder rätoromanisch sprechen.
Du müsstest nur eine Schrift lernen,
und schon könntest du alles lesen, was die Italiener,
Franzosen, Deutschen und Rätoromanen schreiben.

Etwas allerdings verstehen alle Leute, wenn sie
eine fremdsprachige Zeitung aufschlagen: die Zahlen.
In unserer Sprache benützen wir eine Lautschrift,
in der Mathematik dagegen eine Art Bilderschrift.
Die Ziffern und Zeichen der Mathematik
versteht man auf der ganzen Welt.
Die Zeichen $>$ $=$ $<$ kennst du ja schon.
Kennst du auch schon ein paar Ziffern?

Alle unsere Ziffern

0	1	2	3	4	5	6	7	8	9

Ziffern sehen ähnlich aus wie Buchstaben.
Aber man sieht ihnen nicht an,
wie sie tönen.
Ziffern sind Symbole: stark vereinfachte Bilder.
Man schreibt sie überall fast gleich.
Wenn du **4** schreibst,
weiss ein Italiener oder ein Franzose, was du meinst.
Auch ein Chinese oder ein Indianer weiss es.
Aber jeder spricht das Zeichen anders aus.
Bei uns sagt man **vier**, wenn man **4** schreibt.
In Frankreich sagt man **quatre**.
In Italien sagt man **quattro**.
In Spanien sagt man **cuatro**.
Und in Scuol sagt man **quatter**.
Die Amerikaner sagen **four**.
Wie sagen die Griechen, Türken, Inder,
wenn sie **4** schreiben?
Gibt es noch andere Sprachen in deiner Klasse?

Du musst nur zehn Ziffern lernen.
Mit diesen zehn Zeichen
kannst du alle Zahlen zusammensetzen.
Welche Zahlen kennst du schon?

Zahlen sammeln

. Schreibe alle Zahlen auf,
die du schon kennst.
Weisst du, wie man sie ausspricht?

.. Zahlen begegnen dir auf Schritt und Tritt.
Zum Beispiel auf deinem Schulweg.
Zeichne die Zahlen möglichst genau ab.
Welche Zahl hat am meisten Ziffern?

... Welche Zahl auf deinem Schulweg gefällt dir am besten?
Zeichne sie so ab,
dass man sieht, wo man sie finden kann.

Dominik hat seinen ganzen Schulweg gezeichnet
und alle Zahlen, die er gefunden hat, dazugeschrieben.
Eine richtige Zahlenspur!
Angela hat ihre Hausnummer abgezeichnet,
Esther hat eine Zahl auf dem Schulhausbrunnen entdeckt.
Sie ist aus vier Ziffern zusammengesetzt.
Weisst du, was Esthers Zahl bedeutet?

Dewi hat die Nummer
an ihrem Haus
abgezeichnet.

Ich habe die Nummer bei unserem Haus gefunden.

Spuren legen ist schön.
Oft ist es auch anstrengend.
Manchmal sind die Menschen sehr stolz auf ihre Spuren.
Dann schreiben sie ihren Namen und das Datum dazu.
So hat es auch ein berühmter Maler gemacht.
Er heisst Albrecht Dürer.
Vor 500 Jahren war man sich noch nicht so recht einig,
wie man die Ziffern schreiben sollte.
Darum hat Dürer ein bisschen herumprobiert.
Schau einmal die Jahreszahlen **1494**, **1495** und **1496** an.
Siehst du, was damals mit der Ziffer **4** passiert ist?

Albrecht Dürer hat die Ziffer 4
dreimal verschieden
geschrieben.

Zum Glück schreiben wir heute
die Buchstaben und Ziffern immer gleich.
So können wir sie rasch und bequem lesen.
Hast du schon ausprobiert,
wie das mit deiner Handschrift ist?
Können die andern Kinder gut lesen,
was du geschrieben hast?

Du musst viel schreiben,
bis deine Buchstaben und Ziffern
eine schöne Form gefunden haben.
Am Anfang ist alles noch etwas wacklig.
Trotzdem darfst du stolz sein
auf deine Spuren im Reisetagebuch.
Vorne auf dem Heft steht dein Name.
Von Tag zu Tag machst du Fortschritte.
Darum musst du jedesmal das Datum aufschreiben,
wenn du am Morgen frisch anfängst.
So lernst du bald einmal,
die Ziffern schön und regelmässig zu schreiben.

Vielleicht sind die Erwachsenen
noch ein wenig ungeduldig,
wenn sie lesen, was du im Reisetagebuch geschrieben hast.
Vielleicht haben sie vergessen,
wie lange man herumprobieren muss,
bis etwas wirklich gelingt.
Für sie haben wir aufgeschrieben,
was ein Reisetagebuch ist und wie man darin lesen muss.
Du kannst diesen Text kopieren
und ins Reisetagebuch kleben.
Zeig ihn den Erwachsenen,
die sich für deine Spuren interessieren.

Liebe Erwachsene

Ob sich beim Lesen Befriedigung oder gar Vergnügen einstellt, liegt nicht zuletzt auch an den Erwartungen, die man an den Text heranträgt. Suchen Sie beispielsweise spannende Unterhaltung, werden Sie ziemlich sicher enttäuscht sein, wenn Sie das Telefonbuch aufschlagen. Ähnlich könnte es Ihnen ergehen, wenn Sie im Reisetagebuch eines Kindes fehlerfreie Texte suchen, die übersichtlich gestaltet und sauber geschrieben sind. Das Reisetagebuch ist kein Reinheft: Es dokumentiert private Spuren des Lernens und orientiert sich nicht an den Erwartungen eines anonymen Publikums. Trotzdem herrscht im Reisetagebuch eine subtile Ordnung: die geheimnisvolle Logik einer persönlichen Entwicklung. Darum ist das Reisetagebuch auch nicht nach Fächern und Themen gegliedert, sondern nach den zeitlich aufeinanderfolgenden Stadien des Lernens. Jeder Eintrag ist mit einem Datum versehen. Dann kommen Angaben zum Sachgebiet und zu den Fragestellungen, mit denen das Kind sich beschäftigt. Im Zentrum stehen die Spuren einer singulären Auseinandersetzung mit Wörtern, Zahlen und Vorstellungen. Dazwischen tauchen auch immer wieder Rückmeldungen von Kindern und Lehrkräften auf, die sich in den privaten Dialog mit den Stoffen einmischen und die Welt des Regulären ins Spiel bringen.

Können fremde Leserinnen und Leser Texte aus dem Reisetagebuch überhaupt verstehen? Sicher stehen sie vor einer schwierigen Aufgabe. Sie kennen ja die Situation nicht, in der die Texte entstanden sind, und auch das Kind und seine Partner sind ihnen fremd. Trotzdem kann die Lektüre eines Reisetagebuchs sehr reizvoll sein. Man darf allerdings nicht in der Rolle des geladenen Gastes verharren, der im aufgeräumten Wohnzimmer empfangen werden will. Als Leserin oder als Leser eines Reisetagebuchs betreten Sie unangemeldet und unerwartet die Werkstatt eines lernenden Menschen. Unfertige Werkstücke versperren den Weg, darunter auch Fehlerhaftes oder Misslungenes. Leicht kann der Gast stolpern, sich an einem fremdartigen Werkzeug verletzen oder durch Rauch und Dämpfe gereizt werden; leicht übersieht er Kostbarkeiten, die da und dort unauffällig und vielleicht schon ein bisschen verstaubt herumstehen, und stösst sie achtlos um.

Wer sich in der Werkstatt eines Lernenden umsieht, kann Zeuge einmaliger Ereignisse werden. Altbekannte Tatsachen erscheinen oft sogar für Fachleute in einem neuen Licht, wenn sie bei der Geburt der Erkenntnis dabei sind. Man darf allerdings über die Begleiterscheinungen des Gebärens nicht erschrecken. Und man darf auch elementare Regeln des Respekts nicht missachten. Die Lektüre von Reisetagebüchern kann anregend und aufschlussreich sein. Man muss sich nur richtig darauf einstellen:

. Betrachten Sie das Reisetagebuch als privates Dokument eines persönlichen Lernwegs und nicht als öffentliche Ausstellung von Schulwissen.

. Versuchen Sie sich dem Problem, an dem das Kind arbeitet, so zu nähern, wie wenn es auch für Sie das erste Mal wäre.

. Erschrecken Sie nicht über Fehler, Irrtümer und Eigenheiten in der Darstellung. Solange das Kind noch mit Sachproblemen kämpft, treten sprachliche Normen und Vorschriften der Textgestaltung in den Hintergrund.

. Orientieren Sie sich an dem, was das Kind kann, und lassen Sie sich nicht irritieren durch das, was noch fehlt.

. Verfolgen Sie ein Thema über Wochen und Monate: Machen Sie sich ein Bild von der Entwicklung des Kindes.

. Unterscheiden Sie zwischen Irrtümern, die den Lernprozess behindern, und Irrtümern, die nur Sie als Leserin oder Leser stören.

. Vergessen Sie nicht: Wer lernen will, muss Fehler machen dürfen. Darum werden Fehler und Irrtümer im Reisetagebuch weder getilgt noch angeprangert. Die Korrektur erfolgt durch das Kind selbst: Sie ist aus seinem Verhalten in den späteren Phasen des Lernprozesses ablesbar.

Zählen
und
Erzählen

Rechnungen erlebst du jeden Tag.
Achte darauf.
Erzähle!

In der Schule lernt man Rechnen und Schreiben.
Das wissen alle.
Aber nicht alle wissen,
dass man anstatt Rechnen auch Mathematik sagen kann.
Mathematik kannst du dir vorstellen als ein grosses Land.
Ein Land mit vielen Geheimnissen.
In diesem Land kann man
Geschichten erleben und erzählen.

Eigentlich weisst du schon viel über Mathematik.
Du brauchst sie jeden Tag.
Am Morgen, wenn du erwachst,
hörst du vielleicht die Turmuhr schlagen.
Vielleicht zählst du sogar mit:
eins, zwei, drei, vier, fünf, sechs, sieben.
Es ist sieben Uhr, Zeit zum Aufstehen.
Der Tisch ist schon gedeckt.
Heute war der grosse Bruder an der Reihe.
Er ist drei Jahre älter als du.
Fünf Tassen und fünf Teller hat er auf den Tisch gestellt.
Ein halbes Kilo Brot liegt auf dem Brett.
Und dann sind da noch drei Gipfeli.
Die sind vom Sonntag übriggeblieben.
Wie wollt ihr die drei Gipfeli wohl
unter fünf Personen teilen?

Mathematik brauchst du jeden Tag.
Zum Beispiel, wenn du eine Zeichnung machst.
In jeder Zeichnung sind Zahlen versteckt.
Esther hat ihre Familie gezeichnet.
Zur Familie von Esther gehören auch Blumen und Tiere.
Findest du Zahlen in der Zeichnung von Esther?

Esther hat
in der ersten Schulwoche
den Auftrag erhalten,
ein Familienbild zu malen.

Male ein Familienbild. Kannst Du schon
einen oder zwei Namen dazuschreiben?

MAMI PAPI

JUDITH

Esther

Esther ist sieben Jahre alt.
Sie kann schon gut Zahlen verstecken.
Wie viele Blumen gibt es auf dem Bild?
Wie viele Tiere gibt es auf dem Bild?
Wie viele Personen tragen einen Rock?
Welche Zahlen hat Esther
im grossen Schmetterling versteckt?

Zeichnen und Zählen

.
Schau dir ein Bild an,
das du früher einmal gemalt hast.
Entdeckst du ein paar Zahlen in deinem Bild?
Schreibe sie auf.

. .
Denk dir drei Zahlen.
Verstecke sie so in einem Bild,
wie Esther es gemacht hat.

. . .
Schau dir Menschen und Dinge bei dir zu Hause etwas genauer an:
Was kann man alles zählen?
Wieviel gibt es wovon?
Schreibe und zeichne.

48

Esther hat aufgeschrieben,
welche Zahlen in ihrer Familie vorkommen.
Verstehst du, was Esther gezählt hat?
Kannst du es gut lesen?

Esther hat in ihrer
Familie vieles gezählt.
Und sie hat aufgeschrieben,
wieviel es wovon hat.

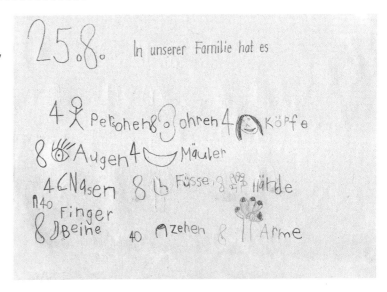

Die Lehrerin hat die Namen der Dinge,
die Esther gezählt hat,
an die Tafel geschrieben.
Die Namen der Dinge, die man zählen kann,
fangen immer mit einem grossen Buchstaben an.
Sie heissen **Namenwörter** oder **Nomen**.

Zwei Nomen hat Esther in der Eile klein geschrieben.
Das ist dir bestimmt auch schon passiert.
Manchmal sind auch die Erwachsenen nicht ganz sicher,
ob ein Wort ein Namenwort ist oder nicht.
Dann schreiben sie das Wort auf ein Stück Papier
und setzen das Wörtchen **der** oder **die** oder **das** davor.
Wenn eines dieser drei Wörtchen passt,
ist das Wort ein Namenwort: **der** Kopf, **die** Zehe, **das** Ohr.
Aber du musst aufpassen.
Wörter können sich verwandeln,
wenn man sie von einem Ort an einen andern bringt.

Vor **laut** zum Beispiel kann man ein **der** setzen,
trotzdem ist **laut** nicht immer ein Namenwort.
Wir hörten keinen Laut, obwohl er laut schrie.
Ähnlich ist es in den nächsten beiden Sätzen.
Alle lachen über sein Lachen.
In der Fremde triffst du viele fremde Menschen.
Kennst du auch solche Beispiele?

Namenwörter

. Kennst du viele Dinge, die man zählen kann?
Zeichne sie ins Reisetagebuch und schreibe das Namenwort dazu.

.. Es gibt Dinge, die man nicht sieht und doch zählen kann.
Wie heissen sie?

... Es gibt sogar ein paar Dinge,
die man weder sehen noch zählen kann.
Zum Beispiel **das Glück** oder **der Kummer**.
Findest du ähnliche Wörter?
Kannst du **der**, **die** oder **das** davorstellen?

Es gibt Dinge, bei denen man sofort an eine Zahl denkt.
An die Eins denkt man bei allen Dingen,
die nur einmal vorkommen.
Jeder Mensch kommt nur einmal vor.
An die Zwei denkt man vielleicht bei Armen und Beinen.
Beim Klee sucht man oft vergeblich ein viertes Blatt.
Wenn du neben eine Zahl den Namen eines Dings schreibst
gibst du der Zahl eine Sorte.

Zahlen und Sorten

. Kennst du Dinge,
bei denen man sofort an eine Zahl denkt?
Schreibe die Zahl mit ihrer Sorte auf.
Du darfst das Ding auch zeichnen.

50

Schreibe ein paar Zahlen, die du magst, der Reihe nach auf.
Schreibe zu jeder Zahl die Sorte, die für dich am besten passt.
Jetzt hast du eine eigene Zahlentabelle mit deinen Lieblingssorten!

Wo du auch gehst und stehst,
überall gibt es etwas zu zeichnen und zu zählen:
in der Küche, unter dem Bett, auf der Strasse,
im Schulzimmer und im Sack vom Nikolaus.
Anita hat ihr Zimmer untersucht.
Auf einer Tabelle hat sie eingetragen,
wieviel es wovon hat.
Viele Dinge hat Anita gezählt.
Neben jede Zahl hat sie die Sorte
gezeichnet und geschrieben,
damit sie genau weiss, was sie gezählt hat.
Mit den Bällen hat sie angefangen.
Dann hat sie die Autos und die Bauklötze gezählt.
So ist eine lange Liste entstanden.

So viele Dinge hat Anita
am 15. September
in ihrem Zimmer gezählt.
Das Ross, den Hasen,
den Papagei und
das Puppenhaus
hat sie selber gezeichnet.
Dann hat sie die Lehrerin
gefragt,
wie man die Namen
der Dinge richtig schreibt.

In meinem Zimmer 15. 9

4		Bälle
3		Auto
0		Bauklötz
6		Puppen
1		Zug
2		Rösser
2		Hasen
1		Papagai
1		Puppenhaus

Wie sieht es wohl heute aus in Anitas Zimmer?
Sind immer noch vier Bälle da?
Ist einer verschwunden? Sind zwei neue da?
Und was ist mit den Puppen passiert?
Vielleicht fehlt eine.
Hat Anita sie ihrer Freundin ausgeliehen?
Oder steckt sie in der Waschmaschine?

Was ist passiert?

.
Geh an einen Ort, wo es viel zu zählen gibt.
Mach eine Liste wie Anita:
Zeichne ein Bild der Dinge, die du gezählt hast,
und schreibe die Zahl davor.
Kannst du die Namen der Dinge selber dazuschreiben?

. .
Geh ein paar Tage später an den gleichen Ort.
Zähle die gleichen Dinge nochmals.
Mach eine zweite Liste.

. . .
Vergleiche deine beiden Listen miteinander.
Was hat sich verändert?
Warum gibt es plötzlich mehr oder weniger von einer Sorte?
Erzähle die Geschichte!

Hast du viele Dinge gefunden, die man zählen kann?
Hast du die Namen der Dinge immer gross geschrieben?
Und hast du gemerkt,
dass sich das Namenwort manchmal ein bisschen verändert
Wenn du nur gerade ein Ding einer Sorte hast,
steht **Ball**, **Puppe** oder **Auto** auf der Liste.
Das ist die **Einzahl** dieser Namenwörter.
Hast du mehrere Dinge,
heisst es **Bälle**, **Puppen**, **Autos**.
Das ist die **Mehrzahl** dieser Namenwörter.
Willst du genau sagen, wie viele Dinge es sind,
musst du die Zahl davorschreiben:
vier Bälle, zwei Puppen, drei Autos.

Ist überhaupt kein Ding da,
darf man auch die Mehrzahl brauchen:
Ich habe keine Bauklötze.
Es sind null Bauklötze da.
Ist das nicht merkwürdig?

. . . .

Einzahl und Mehrzahl

. . . .

.   Schau dir die Namen der Dinge an, die du gezählt hast.
Stehen die Wörter auf deinen Listen
in der Einzahl oder in der Mehrzahl?
Verändern sich alle Wörter, wenn sie in die Mehrzahl wechseln?
Verändern sie sich in der Mitte oder nur am Schluss?

. . . .

. .   Lies im Reisetagebuch eines andern Kindes.
Hat es die Namen der Dinge richtig geschrieben?
Schreibe die Einzahl und die Mehrzahl schwieriger Namenwörter
in dein Reisetagebuch.
Färbe die Buchstaben, die in der Mehrzahl anders sind.
Zum Beispiel: Haus – H**äu**s**er**.

. . . .

. . .   Es gibt ein paar Wörter,
die nur in der Einzahl oder nur in der Mehrzahl vorkommen.
Das Wort **Schnee** kommt nur in der Einzahl vor,
das Wort **Ferien** nur in der Mehrzahl.
Kennst du auch solche Wörter?

. . . .

Zählst du die Dinge an einem Ort nur einmal,
bekommst du nur eine Liste mit Zahlen und Sorten.
Zählst du die Dinge später nochmals,
bekommst du eine zweite Liste.
Und wenn du die beiden Listen miteinander vergleichst,
kannst du dir ausdenken,
was in der Zwischenzeit passiert ist.
In jeder Geschichte, die dir einfällt,
versteckt sich eine Rechnung.

. . . .

Vielleicht hat sich nichts verändert in Anitas Zimmer.
Dann heisst die Rechnung 4 Bälle + 0 Bälle = 4 Bälle
oder 4 Bälle – 0 Bälle = 4 Bälle.
Ist ein Ball dazugekommen, heisst es
4 Bälle + 1 Ball = 5 Bälle.
Ist ein Ball weniger da, heisst es
4 Bälle – 1 Ball = 3 Bälle.
Jetzt kannst du die Geschichten erzählen,
die zu diesen Rechnungen passen.
Warum hat sich nichts verändert?
Wem gehört der Ball, der neu dazugekommen ist?
Wo ist der Ball, der nicht mehr im Zimmer ist?

Romina hat eine Eins-weniger-Geschichte erzählt.
Sie ist ganz einfach.

Romina hat Pech.
Zehn Gläser
stehen auf dem Tisch.
Eines fällt herunter.
Die Rechnung
zu dieser Geschichte
hat Rominas Lehrerin
aufgeschrieben.

8.1.

Eine eins- Weniger Geschichte
Ich Habe 10 Gleser Ka unt min ist
ein Glas abergfloken Ich Haber nur no 9 glas

10 – 1 = 9

Eins-weniger-Geschichten
können auch länger und komplizierter sein.
Sebnem erzählt von ihrer Klasse.
Verstehst du ihre Geschichte?
Die Rechnung dazu ist ganz einfach.
12 Kinder – 1 Kind = 11 Kinder.
Was ist passiert?

In der Gruppe von Sebnem
sind zwölf Kinder.
Eines Tages muss Pedro
an einen andern Ort zügeln.
Jetzt sind nur noch
elf Kinder in der Gruppe.
Sebnem hat noch
mehr Rechnungen
aufgeschrieben.
Nur eine ist falsch.

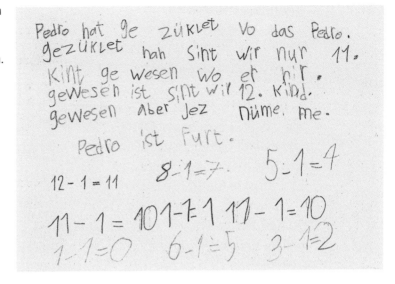

Pedro hat ge zükLet vo das Pedro.
gezükLet hah sint wir nur 11.
KiNt ge wesen wo er hir.
gewesen ist sint wil 12. Kind.
gewesen Aber Jez nüme. me.
Pedro ist Furt.

$12 - 1 = 11$ $8 - 1 = 7$ $5 - 1 = 4$

$11 - 1 = 10$ $1 - 7 = 1$ $11 - 1 = 10$
$1 - 1 = 0$ $6 - 1 = 5$ $3 - 1 = 2$

Geschichten haben einen Anfang und ein Ende.
In der Mitte passiert etwas.
Manchmal ist der Anfang schlimm und das Ende gut.
Manchmal ist es umgekehrt.
Erzählst du lieber fröhliche oder traurige Geschichten?

Yesim schreibt eine
Sechs-weniger-Geschichte.
Die Abkürzungen
A., M. und Sch. bedeuten
Anfang, Mitte und Schluss.

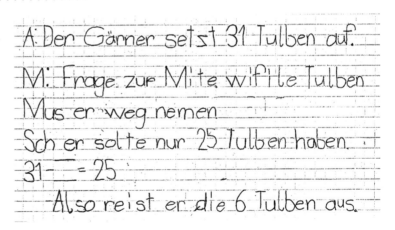

A: Der Gärner setst 31 Tulben auf.
M: Frage zur Mite wifile Tulben
Mus er weg nemen
Sch er solte nur 25 Tulben haben.
$31 - \_ = 25$
Also reist er die 6 Tulben aus.

In der Geschichte von Yesim gibt es am Anfang 31 Tulpen.
Am Schluss sind es nur noch 25 Tulpen.
Was ist mit den 6 Tulpen passiert?
Der Gärtner hat sie ausgerissen.

Lustige und traurige Geschichten

. Erzähle eine lustige und eine traurige
Eins-weniger-Geschichte.

.. Es gibt auch Zwei-weniger-Geschichten
oder sogar Drei-weniger-Geschichten.
Und es gibt natürlich auch Eins-mehr-Geschichten
oder Viel-mehr-Geschichten.
Hast du eine Idee?

... Du hast dich bestimmt schon oft gefreut,
weil du etwas bekommen hast.
Oder du hast dich geärgert, weil du etwas verloren hast.
Erzähle ein Erlebnis.
Gibt es eine passende Rechnung dazu?

**In jeder Rechnung passiert etwas.
Das musst du dir merken.
Erst wenn du herausfindest,
was in der Rechnung passiert,
kannst du sie richtig verstehen.
Fang also nie mit Rechnen an,
bevor dir eine kleine Geschichte einfällt,
die zur Rechnung passt.
Zu jeder Rechnung gibt es viele passende Geschichten.**

Rechnungen und Geschichten

. Suche ein paar Rechnungen in deinem Rechenbuch.
Erfinde zu jeder Rechnung eine Geschichte.

.. Gib deine Geschichte einem andern Kind.
Findet es eine passende Rechnung?

Mit nur drei Zahlen
hat Isabelles Lehrerin sieben Rechnungen gemacht.
Dann hat sie eine Geschichte geschrieben.
Sie passt zu einer Rechnung besonders gut.
Findest du sie?

Für Isabelle
hat das zweite Schuljahr
begonnen.
Darum findet sie
die Rechnungen leicht.
Schwierig ist das Erfinden
einer Geschichte.
Die Geschichte mit
den Würmern passt
nicht ganz zur Rechnung
$16 - 9 = \square$
Was müsste Isabelle
ändern?

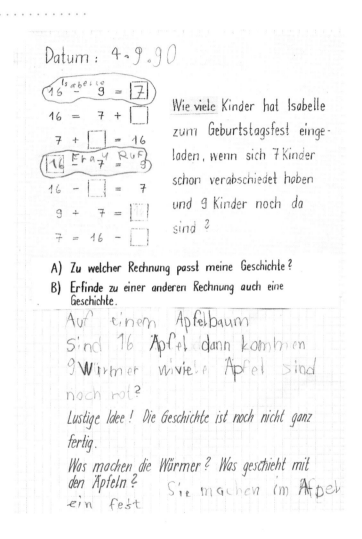

Datum: 4.9.90

Isabelle
$16 - 9 = \boxed{7}$

$16 = 7 + \square$

$7 + \square = 16$

Eta 4 Ruf
$16 - 7 = 9$

$16 - \square = 7$

$9 + 7 = \boxed{1}$

$7 = 16 - \square$

Wie viele Kinder hat Isabelle
zum Geburtstagsfest eingeladen, wenn sich 7 Kinder
schon verabschiedet haben
und 9 Kinder noch da
sind?

A) Zu welcher Rechnung passt meine Geschichte?
B) Erfinde zu einer anderen Rechnung auch eine
    Geschichte.

Auf einem Apfelbaum
sind 16 Äpfel dann kommen
9 Würmer wieviele Äpfel sind
noch rot?

Lustige Idee! Die Geschichte ist noch nicht ganz
fertig.

Was machen die Würmer? Was geschieht mit
den Äpfeln?   Sie machen im Apfel
ein Fest

Isabelle hat die vierte Rechnung eingerahmt.
Hättest du die gleiche Antwort gegeben?
Für ihre eigene Geschichte
hat Isabelle die erste Rechnung ausgewählt.
Gefällt dir Isabelles Geschichte?
Warum ist die Lehrerin nicht ganz zufrieden damit?

Äpfel und Würmer

. Schau dir Isabelles Geschichte genau an.
Alle Würmer sind im gleichen Apfel.
Wie heisst die Rechnung, die zu dieser Geschichte passt?

.. Was müssten die Würmer tun,
damit die Rechnung $16 - 9 = \square$ besser zur Geschichte passt?

... Mach mit nur drei Zahlen möglichst viele Rechnungen.
Tausche die Rechnungen mit einem andern Kind.
Erfinde mehrere Geschichten.

In jeder Rechnung stecken Überraschungen.
Das merkst du,
wenn du nach Geschichten suchst, die dazu passen.
Stellst du die Rechnung nur ein bisschen um,
springt plötzlich eine neue Geschichte heraus.
Was fällt dir zum Beispiel ein,
wenn du bei der Rechnung $16 = 7 + \square$
an die Kinder auf Isabelles Geburtstagsfest denkst?
Und was für neue Geschichten passen
zu den anderen Rechnungen auf Isabelles Arbeitsblatt?

Welche Rechnungen
aus Isabelles Arbeitsblatt
verstecken sich
in diesen Geschichten?

. 16 Kinder sind auf dem Fest. 7 sind im Haus.
  Wie viele Kinder spielen im Garten?

. 7 Kinder sind schon angekommen. 16 werden erwartet.
  Wie viele sind noch unterwegs?

. 16 Kinder waren auf dem Fest.
  Wie viele sind weggegangen, wenn 7 noch da sind?

. 9 Kinder sitzen am Tisch. 7 kommen dazu.
  Wie viele Teller braucht es?

Oft versteckt sich
mehr als nur eine Rechnung in einer Geschichte.

Geschichten kann man oft so oder anders verstehen.
Bei Isabelles Geschichte merkt man das gut.
Lebt in jedem Apfel nur ein einziger Wurm,
oder treffen sich alle Würmer auf einem Fest?
Das gibt zwei verschiedene Rechnungen.
Aber auch in der Geschichte der Lehrerin
könnte man noch andere Rechnungen entdecken.
Isabelle hat zwar 16 Kinder
zum Geburtstagsfest eingeladen.
Aber vielleicht sind nicht alle gekommen.
Und gehört Isabelle auch zu den 16 eingeladenen Kindern?
Hat sie sich mitgezählt?

Mit Rechengeschichten kann man andere
ganz schön an der Nase herumführen.
Das hat Dewi aus der Geschichte mit den Würmern gelernt.
Sie hat ein Spiel erfunden,
um die Erwachsenen ein bisschen zu necken.

Wenn Dewi ihre Aufgabe
den Erwachsenen stellt,
sagt sie natürlich
nichts vom Kind,
das am Kiosk steht.
Darum rechnen sie
das Falsche.

13 Kinder sind in die Badi gegangen.
8 Kinder sind schon im Wasser.
Wieviele Kinder sind noch am
anziehen? Es sind nur 4 Kinder beim
Anziehen, weil eines am Kiosk ist.
lustig!

Hättest du auch **13 − 8 = 5** gerechnet?
So haben es die meisten Erwachsenen gemacht.
Sie haben einfach nicht daran gedacht,
dass es im Schwimmbad noch einen Kiosk haben könnte.

Es kann ganz lustig werden,
wenn man mit Geschichten rechnet.
Stell dir immer genau vor,
was in der Geschichte passiert.

Und gib dich nie mit der ersten Rechnung zufrieden,
die dir gerade einfällt.
So macht das Rechnen Spass.
Und so lernst du auch, Fallen zu entdecken
und Lösbares von Unlösbarem zu unterscheiden.

. . . .

Lösbares und Unlösbares

. . . .

.
Dewis Rechnungen sind verwirrend.
Woran liegt das?

. . . .

. .
In einer Klasse sind 11 Knaben und 12 Mädchen.
Wie alt ist die Lehrerin?
Kannst du diese Aufgabe lösen?

. . . .

. . .
Erfinde lösbare und unlösbare Rechnungen.
Wer geht dir in die Falle?

. . . .

Aufgaben können ganz schön tückisch sein.
Wenn man nicht gut aufpasst, fällt man leicht auf die Nase.
Darum darfst du nie blind drauflosrechnen.
Lies die Aufgaben langsam und aufmerksam durch.
Schliess die Augen
und stell dir nochmals alles ganz genau vor.
Erst wenn du mit geschlossenen Augen ein Bild siehst,
das du malen könntest und das dir zeigt, was passiert,
darfst du mit Rechnen beginnen.
Hast du es so gemacht
bei der Aufgabe mit den elf Knaben und zwölf Mädchen?
Wie ist das nun mit dem Alter der Lehrerin?
Wird sie plötzlich jünger, wenn fünf Kinder krank sind?

. . . .

Beim Zählen und beim Rechnen ist es wichtig,
dass du alles miterlebst, was du tust.
Meist wird eine Aufgabe viel klarer,
wenn du sie nicht nur anschaust,
sondern dir dabei auch etwas vorstellst.

. . . .

Manchmal liegen die Dinge so,
dass man sich leicht
etwas vorstellen kann.
Manchmal muss man sich
etwas mehr anstrengen.

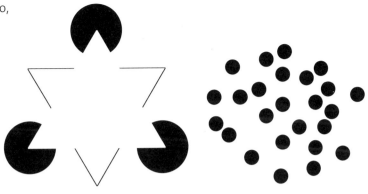

Vorstellen

. Schau dir die beiden Bilder genau an.
Siehst du weisse Linien?
Sehen die andern Kinder die gleichen Linien wie du?
Sprich mit ihnen darüber.
Zeichne aber ja keine Linien ein,
sonst zerstörst du die inneren Bilder.

. . Die weissen Linien können dir beim Zählen helfen.
Wie viele schwarze Tupfen gibt es auf dem Bild rechts?
Kannst du sie zählen,
ohne sie mit dem Finger zu berühren?

. . . Kannst du die weissen Linien in Gedanken
so zwischen die schwarzen Tupfen legen,
dass immer gleich viele Tupfen zusammen einen Fladen bilden?
Für den letzten Fladen sind vielleicht nicht mehr genug Tupfen da.

. . . . Versuch doch auch einmal,
eine Figur zu zeichnen,
bei der man sich weisse Linien dazudenken muss.
Kannst du zum Beispiel ein weisses Quadrat aufleuchten lassen?
Mach es so,
wie es das Bild mit den zwei Dreiecken zeigt.

Nicht nur in der Mathematik,
sondern auch in der Sprache
stellt man sich oft weisse Linien vor
und kreist Dinge in Gedanken ein.
Wie machst du es zum Beispiel beim Lesen?
Schaust du dir jeden Buchstaben einzeln an,
oder fügen sich mehrere Buchstaben zu einem Bild,
das dir bekannt vorkommt?
Ist **Haus** ein solches Bild für dich?
Und erkennst du das Bild noch,
wenn es **Häuschen** heisst?
Wie ziehst du die weissen Linien
bei **Häschen**, **beinhalten** oder **Hundschilental** ?

Nimm dir viel Zeit,
wenn du neuen Wörtern begegnest.
Überlege dir gut,
wie du die weissen Linien legen willst,
damit ein Bild entsteht, das du dir leicht merken kannst.
Triffst du das Wort später wieder an,
erinnerst du dich an das Bild
und musst nicht mehr jeden Buchstaben einzeln lesen.
Auch wenn du einen Text vorlesen musst,
helfen dir die weissen Linien.
Während du sprichst,
fangen deine Augen schon die nächsten paar Wörter ein,
und du kannst überlegen, wie du sie aussprechen willst.

Weisse Linien beim Lesen

.

Sammle Wörter,
bei denen du nicht mehr jeden Buchstaben
einzeln lesen musst.
Kreise mit Farbstift die Buchstaben ein,
die für dich ein bekanntes Bild ergeben.

..

Nimm einen Text zum Vorlesen.
Kreise alle Wörter ein,
die du beim Sprechen zu einem Bild zusammenziehen willst.

Die weissen Linien helfen dir auch,
wenn du etwas im Gedächtnis behalten musst.
Schau dir alles an, was du nicht vergessen darfst,
und kreise ein, was für dich zusammengehört.
Mach dir deine eigenen, inneren Bilder!

Innere Bilder

Nimm eine Handvoll Münzen und wirf sie auf einen Tisch.
Sie liegen dann ganz ungeordnet herum
wie unsere schwarzen Tupfen auf Seite 61.
Setz dich jetzt mit deinem Reisetagebuch an einen entfernten Tisch
und versuch das Bild der Münzen aus der Erinnerung aufzuzeichnen.
Du darfst zum Tisch mit den Münzen zurückkehren
und deine Erinnerung auffrischen, so oft du willst.

Kannst du auch einen Text quer durchs Zimmer transportieren?
In der einen Ecke liegt der Text,
in der andern das Reisetagebuch.
Wandere nun langsam hin und her.
Merk dir jedesmal ein paar Wörter,
die du bequem einkreisen kannst,
und trage sie als inneres Bild an deinen Platz.
Wie oft gehst du hin und her,
bis du die ganze Geschichte fehlerfrei aufgeschrieben hast?

Wenn du dir genug Zeit nimmst für deine inneren Bilder,
geht plötzlich alles viel leichter
beim Rechnen und beim Lesen.
Je mehr innere Bilder du mit dir herumträgst,
desto schneller entdeckst du Bekanntes im Unbekannten.
Manchmal hilft es auch,
wenn man sich eine Brille aufsetzt.
Eine Malbrille zum Beispiel,
mit der man plötzlich überall Mal-Rechnungen sieht.

Sebnem hat sich schon am Anfang der ersten Klasse eine Malbrille aufgesetzt. Sie schaut zwölf Kindern beim Tanzen zu. Zuerst sieht sie zweimal sechs Kinder tanzen. Pötzlich sind es sechsmal zwei Kinder. Was für Tanzgeschichten sind in deiner Klasse möglich?

Malbrille

Setz dir in Gedanken eine Malbrille auf die Nase
und schau dich ein bisschen um in deiner Umgebung.
Entdeckst du Dinge,
die schön in 2er-, 3er-, 4er- oder 5er-Paketen angeordnet sind?
Zeichne sie in dein Reisetagebuch
und schreibe eine passende Mal-Rechnung dazu.

Suche dir einen Ort, wo es viel zu zählen gibt:
ein Hochhaus mit vielen Fenstern,
ein Dach mit vielen Ziegeln, einen Teich mit vielen Enten.
Kannst du die vielen Dinge mit der Malbrille zählen?
Siehst du lauter gleiche Pakete?
Bleibt ein kleiner Rest?
Erzähle deine Rechengeschichten.

Die Zweitklässler erzählen,
wie sie die Welt durch die Malbrille sehen.
Bei jeder Mal-Rechnung schreibt Ovidio die Sorte
an den richtigen Stellen dazu.
Zwischen der Zeichnung und der Rechnung
dürfte Ovidio kein Gleichheitszeichen machen.
Wenn man nur das Bild sieht,
weiss man ja noch nicht genau,
was Ovidio vergleichen will.

15.3.90 Heute ist es soweit: Ich
zieh die Brille an und untersuche
die Welt. Ich will ganz viele besondere Malrechnungen entdecken
Zum Beispiel:

① ⊟ ⊟ ⊟ ⊟ = 4 · 3 Farbstifte – 12 Farbstifte F.

② ▱ ▱ ▱ ▱ ▱ = 5 · 4 Würfel – 20 Würfel W.

③ ☺ ☺ ☺ ☺ ☺ ☺ = 6 · 5 Tiere = 30 Tiere /gut!

④ ⊡ ⊡ ⊡ = 3 · 3 Eier = 9 Eier

⑤ ▥▥ ▥▥ = 2 · 3 Bücher = 16 Bücher

⑥ ▨ ▨ ▨ ▨ ▨ = 5 · 2 Mendchen
= 10 Mendchen /gut!

⑦ ☍ ☍ ☍ ☍ ☍ ☍ ☍ ☍ = 8 · 2
Würfel – 16 Würfel /

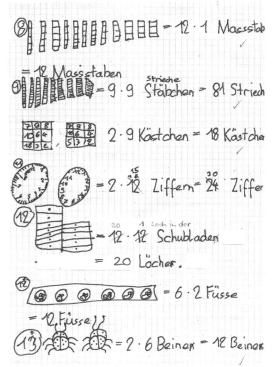

⑧ ▯▯▯▯▯▯▯▯▯▯▯ – 12 · 1 Maasstab /
= 12 Maasstaben

⑨ ▦▦▦▦▦▦▦ = 9 · 9 Stäbchen = 81 Striche /
striche

▦ ▦ 2 · 9 Kästchen = 18 Kästchen /

⊙ ⊙ = 2 · 12 Ziffern = 24 Ziffern

⑫ ▤ = 12 · 12 Schubladen
= 20 Löcher.
20   1 Loch in der

⑫ ◎ ◎ ◎ ◎ ◎ ◎ = 6 · 2 Füsse
= 12 Füsse

⑬ 🕷 🕷 = 2 · 6 Beinen = 12 Beinen /

Sabrina hat mit ihrer Malbrille Enten beobachtet.
Sie behauptet: «2 mal 9 Beine gibt 18 Beine.»
Zuerst versteht sie gar nicht,
warum die andern Kinder lachen.
Kannst du dir Sabrinas Enten gut vorstellen?
Oder siehst du auch eher 9 mal 2 Beine?

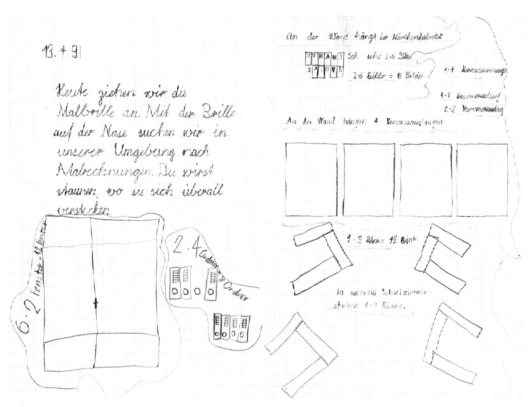

Auch Regula
hat ihre Umgebung
mit der Malbrille untersucht.
Im Schulzimmer
sind wirklich viele
Mal-Rechnungen versteckt.

Ich habe 3 Pack Zündholzschachtel abgezählt

6 · 5 Zündholzschachtel = 30 Zündholzschachteln.
3 · 10 Zündholzschachtel = 30 Zündholzschachteln.
1 · 30 Zündholzschachtel = 30 Zündholzschachteln.
30 · 1 Zündholzschachtel = 30 Zündholzschachteln

15 · 2 Zündholzschachteln = 30 Zündholzschachteln
2 · 15 Zündholzschachteln = 30 Zündholzschachteln
10 · 3 Zündholzschachteln = 30 Zündholzschachteln

Mit dem Zählen fängt die Mathematik an.
Zahlen und Sorten begleiten uns durch das ganze Leben.
Ein paar Sorten sind dabei besonders wichtig.
Fast jeden Tag wollen wir wissen,
wie lang es noch dauert
und wie weit es bis zum Ziel noch ist.
Wenn man die Länge einer Strasse misst,
zählt man die Kilometer und die Meter.
Wenn man die Dauer eines Musikstücks misst,
zählt man die Minuten und die Sekunden.
Aber auch andere Sorten braucht man häufig.
Der Wert eines Brotes wird in Franken und Rappen gezählt,
das Gewicht in Kilogramm und Gramm.
Bei Getränken zählt man Liter und Deziliter.

Messen

. Was alles kannst du messen?
Welche Sorten kennst du schon?
Miss möglichst Verschiedenes.
Erzähle, wie du es gemacht hast,
und schreibe Zahlen und Sorten genau auf.

.. Hast du dir auch schon überlegt, was für einen Turm es gäbe,
wenn man alle Mitglieder deiner Familie aufeinanderstellen würde?
Wie willst du diesen Turm messen?

... Die meisten Menschen kennen ihr Alter in Jahren.
Aber weisst du auch, wie viele Tage du alt bist?
Könntest du sogar die Minuten deines Lebens zählen?

Beim Messen muss man zählen.
Und auch hier zieht man weisse Linien und macht Pakete.
Man rechnet meistens mit 10er-Paketen;
das haben die Erwachsenen so abgemacht.
Du darfst aber wählen zwischen kleinen
und grossen Paketen.
Wie machst du es beim Messen mit dem Doppelmeter?

Wenn du die Höhe eines Buchstaben misst,
zählst du bestimmt die Millimeter.
Willst du dagegen wissen,
wie lang und wie breit ein Buch ist,
schaust du nicht mehr jeden einzelnen Millimeter an.
Du nimmst immer zehn Millimeter zusammen
und legst in Gedanken eine weisse Linie um sie herum.
Jetzt zählst du diese 10er-Pakete: die Zentimeter.
Willst du die Länge des Schulzimmers messen,
legst du eine weisse Linie um 100 Zentimeter herum
und zählst nur noch die Meter.
Auch beim Messen der Zeit arbeitet man mit weissen Linien.
Nur macht man hier ein bisschen andere Pakete.
Es gibt 12er-, 24er-, 30er-, 60er- und 365er-Pakete.
Beim Messen darfst du immer das bequemste Paket wählen.
Aber du darfst keine eigenen Pakete erfinden,
weil dich die andern sonst nicht mehr verstehen.
Sorten, die man nicht mehr selber wählen darf,
nennt man auch **Masseinheiten**.

Jedes Paket hat seinen eigenen Namen, seine Sorte.
Sorten sind Namenwörter, darum schreibt man sie gross:

Franken, **Stunde**, **Jahr**, **Hektoliter**, **Kilometer**, **Tonne**.

Wenn man die Sorten hinter eine Zahl schreibt,
kürzt man sie meistens ab.
Die Abkürzungen schreibt man fast alle klein.
Sie sehen dann gleich aus wie in andern Sprachen;
dort schreibt man eben nicht alle Namenwörter gross.

Wenn du die vielen Sorten nur auswendig lernst,
ohne dir etwas dabei vorzustellen,
bringst du sie leicht alle durcheinander:

m, **s**, **kg**, **l**, **t**, **dl**, **h**, **km**, **min**, **hl**, **cm**, **Rp**.

Wer soll sich da noch zurechtfinden!
Ohne innere Bilder geht das nicht.
Jede Sorte ist ein winziger Zipfel einer Geschichte.
Du brauchst nur ein bisschen zu ziehen an diesem Zipfel,
und schon taucht eine Erinnerung auf.

Lieblingssorten

Jeder Beruf hat seine Lieblingssorte.
Wie messen Schreiner, Maurer und Velorennfahrer ihre Längen?
Welche Berufe arbeiten mit
Sekunden, Minuten, Stunden, Tagen, Monaten oder Jahren?
Frag erwachsene Leute, welche Sorte sie am meisten brauchen.

Von welchen Sorten hast du ein inneres Bild?
Vielleicht denkst du beim Deziliter an deinen Lieblingsbecher.
Woran denkst du zum Beispiel
beim Kilometer, beim Monat, beim Gramm oder beim Franken?
Erzähle deine Geschichten.

Jetzt weisst du,
warum man vom Zählen so leicht ins Erzählen kommt.
Jedes Ding, das du zählen kannst, hat einen Namen.
Und wenn du es in Gedanken einkreist,
verrät es dir seine Geschichte.
Woher kommt es? Wohin geht es? Wo ist es zu Hause?

Es gibt schon viele Dinge,
die du kennst und die du beim Namen nennen kannst.
Es sind viel mehr Dinge und Namen,
als du jetzt gerade aufzählen könntest.
Die Namenwörter verstecken sich in deinem Kopf.
Und wenn du sie brauchst, holst du sie hervor.
Manchmal geht das ganz leicht,
manchmal aber wollen die Wörter einfach nicht kommen.
Dann muss man sie hervorlocken.
Weisst du, wie man das macht?

Namenwörter fallen dir ein,
wenn du dir etwas ganz Bestimmtes vorstellst.
Vielleicht gehst du bald in die Ferien.
Du musst deinen Koffer packen.
Was musst du alles mitnehmen?
Was darfst du auf keinen Fall vergessen?
Jetzt beginnen deine Gedanken zu kreisen.

Jetzt lockst du die Wörter hervor.
Zuerst dreht sich alles um das Wort Ferien.
Erinnerungen an deine letzten Ferien tauchen auf.
Diese und jene Geschichte fällt dir ein.
Und schon werden die Kreise enger:
In den Sommerferien
brauchst du andere Sachen als im Winter.
Geht es in eine Alphütte oder in ein Hotel am Meer?
Wie lange bleibst du weg?
Und was passt denn überhaupt in deinen kleinen Koffer?

Wenn du ganz fest an etwas denkst
und wenn du in Gedanken
einen grossen Kreis darum herum legst,
fallen dir all die Wörter und Geschichten ein,
die in diesem grossen Kreis zu Hause sind.
Je enger du die Kreise ziehst,
desto mehr Wörter fallen dir ein.
In deinem Kopf beginnt es richtig zu sprudeln.

Namenwörter und ihre Geschichten

.
Was kannst du in Gedanken einkreisen und beim Namen nennen,
wenn du an gestern denkst,
wenn du an eine Reise denkst,
wenn du an Luftschlösser denkst.
Sammle Namenwörter zu jedem Kreis.

. .
Namensammlungen gibt es auch für Dinge,
die auf der Zunge vergehen,
für Personen, die zum Kreis einer Familie gehören,
für Pflanzen und Tiere,
für gute und böse Taten.
Zu welchen Wörtern kannst du Geschichten erzählen?

. . .
Was alles kannst du zwischen Brust und Bauch spüren?
Kreise die Gefühle ein,
die dort sitzen und die du mit Namen kennst.

Jedes Ding hat seinen Namen.
Es gibt aber vieles,
was man nicht sehen, hören, riechen, schmecken
und auch nicht anfassen kann.
Trotzdem ist es da.
Man spürt es und man kreist es mit seinen Gedanken ein.
Es gibt die Angst, die Freude und die Wut.
Und es gibt die Liebe, das Glück und den Abschied.
All das sind Namen für etwas,
was nur in unseren Köpfen und Herzen lebt.

Über Dinge zu reden,
die man nicht einfach auf den Tisch legen kann,
ist manchmal ziemlich schwierig.
Man kann die Dinge natürlich auch absichtlich verstecken.
Dann müssen die andern sie erraten.

Einkreisen und Erraten

. Was hat die Lehrerin in der Tasche mitgebracht?
Stell dir möglichst viele Dinge vor,
die in der Tasche versteckt sein könnten.
Schreibe die Namen der Dinge auf,
die du in Gedanken eingekreist hast.

.. Füll auch deine Tasche mit vielen spannenden Dingen.
Lass die andern Kinder raten.

... Vielleicht haben die Kinder nicht alles erraten,
was in deiner Tasche steckt.
Dann musst du ihnen ein bisschen helfen.
Zum Beispiel so:
Ich habe ein rundes Ding in der Tasche.
Es ist braun.
Es schmeckt süss auf der Zunge.

.... Jetzt sind die andern Kinder an der Reihe.
Was haben sie alles mitgebracht in ihren Taschen?
Jedes erratene Ding wird auf den Tisch gelegt.

Bestimmt liegen jetzt viele Dinge auf dem Tisch.
Wie könnte man sie ordnen?
Es gibt immer ein paar Dinge, die gut zusammenpassen:
die runden Dinge zum Beispiel oder die süssen Dinge.
Am besten zeichnest du zwei grosse Kreidekreise
oder legst zwei Ringe auf den Boden.
In den einen Kreis kommen die runden Dinge,
in den andern kommen die süssen Dinge.
Wohin legst du die runden Bonbons?

Sortieren

.
Welche Dinge sollen im gleichen Kreis liegen?
Warum passen sie zusammen?
Schreibe den Kreis an!

. .
Kannst du zwei Kreise so anschreiben,
dass fast alle Dinge ihren Platz darin finden?
Welche Dinge bleiben draussen?

. . .
Wie machst du es mit drei Kreisen?
In den ersten Kreis kommen die roten Dinge,
in den zweiten die süssen, in den dritten die runden.
Wohin kommen die eckigen, roten Bonbons?

Hast du gemerkt, welche Wörter dir beim Sortieren helfen?
Es sind Wörter wie **rund**, **rot**, **hart**, **schwer**.
Sie heissen **Adjektive**.
Adjektive sind Wörter,
die zwischen **das** und **Ding** hineinpassen:
Das **blaue** Ding, das **lange** Ding, das **letzte** Ding.
Diese Wörter geben den Dingen ein Gesicht
und legen ihre Sorte fest.
Sie sagen dir, wie das Ding ist, wenn du es anschaust,
in die Hand nimmst, auf die Zunge legst
und darüber nachdenkst.
Mit einem Adjektiv kann man Dinge einkreisen,
die etwas gemeinsam haben.

Sinne und Sorten

. Erforsche ein Ding mit Augen, Ohren, Hand, Nase und Zunge.
Wie sieht es aus, wie tönt es, wie fühlt es sich an,
wie riecht es, wie schmeckt es?
Findest du ein Adjektiv, das zu deinem Eindruck passt?

. . Nimm ein paar Adjektive, die dir gut gefallen.
Suche Namenwörter, die zu diesen Adjektiven passen.
Was für Geschichten fallen dir dabei ein?

. . . Denk dir ein Ding und lass die andern Kinder raten.
Du kannst ihnen mit Adjektiven ein bisschen helfen:
Mein Ding ist gelb, süss und …

Adjektive sind nützliche Wörter,
wenn wir miteinander über Dinge reden,
für die wir noch keine Namen haben.
Manchmal genügt ein Adjektiv aber nicht,
um genau zu sagen, was für ein Ding man meint.
Damian hat im Reisetagebuch alle Dinge aufgezählt,
die er zum Basteln braucht.
Für eines der Dinge findet er keinen Namen.
Darum zeichnet er es und versucht
es mit einem Adjektiv und einem Figürchen einzukreisen.
Damian überlegt sich sehr genau,
was er sagen will.
Er schreibt es aber ein bisschen ungewöhnlich auf.
Zum Glück ist seine Lehrerin eine geduldige Leserin.
Sie hört ihm so gut zu und fragt so lange nach,
bis Damian erklären kann,
was er mit **blödes Ding** meint.
Das ist für einen Erstklässler gar nicht so einfach.

Damian nimmt es beim Schreiben und beim Zeichnen sehr genau: Jedes Strichlein und jedes Figürchen bedeutet etwas ganz Bestimmtes. Allerdings braucht Damian zwei Sorten von Nummern: die Nummern 1, 2, 3 für die Aufträge und die Nummern .1., .2. für die Rückfragen der Lehrerin. Darum merkt man nicht so leicht, dass er nur über das Laubsägetischchen spricht und gar nicht über seine Bastelarbeit.

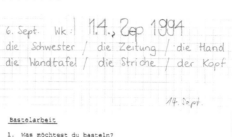

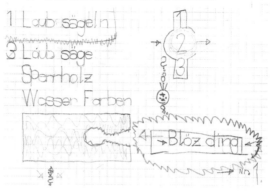

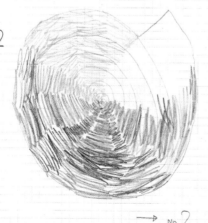

Reisen
ins Reich der Wörter
und der Zahlen

Sammle Erfahrungen.
Erzähle von deinen Entdeckungen.
Hör andern zu!

Menschen gehen gern auf Reisen.
Wer reist, tritt hinaus aus seinem gewohnten Kreis
und öffnet das Tor zu einer neuen Welt.
Es gibt grosse und kleine Reisen.
Reisen über Land, auf dem Wasser und in der Luft.
Es gibt aber auch Reisen in Gedanken,
Reisen in die Welt der Wörter und der Zahlen.

Fabienne erklärt,
von welchen Reisen sie
im Reisetagebuch erzählt.

Wenn früher die grossen Seefahrer auf Reisen gingen,
wollten sie etwas erforschen und entdecken.
Sie reisten im Auftrag eines Königs
oder eines reichen Händlers.
Und sie wagten sich oft weit in unbekannte Gegenden vor.
Dabei waren sie ganz auf sich selbst gestellt
und durften den Weg zum Ziel frei wählen.
Aber sie waren verpflichtet,
alle wichtigen Ereignisse und Beobachtungen
Tag für Tag in ihr Logbuch einzutragen.
So konnten sie selber beurteilen,
wie gut sie vorwärts kamen.
Wer später in diesen Tagebüchern las,
konnte Gewinn und Gefahr der Expedition einschätzen
und sich überlegen,
wohin die Reise das nächste Mal gehen sollte.

Ganz ähnlich ist es bei deinen Reisen
in die Welt der Wörter und der Zahlen.
Auch du bekommst von Zeit zu Zeit einen Auftrag,
der dich auf eine neue Expedition schickt.

Auch du wählst deinen Weg selber und schreibst
deine Erlebnisse und Entdeckungen ins Tagebuch.
Am Schluss deiner Reise oder bei einem Zwischenhalt
bekommst du Rückmeldungen von deinen Reisegefährten.
So erfährst du,
wie wertvoll deine Entdeckungen für andere sind.
Andere können von dir lernen
oder können dir Ratschläge für neue Reisen geben.

Simon hat den Auftrag bekommen,
sich in Gedanken in einen Schmetterling zu verwandeln.
Er kennt sich gut aus in dieser fremden Welt.
In einem Bilderbuch
hat er die Geschichte von der Raupe Nimmersatt gelesen.
Und im Schulzimmer hat er beobachtet,
wie eine Raupe zur Puppe wird
und wie der Schmetterling schlüpft.
Jetzt nimmt er uns mit auf die Reise
durch einen Schmetterlingstag.

Simon erzählt,
wie er als Schmetterling
die Welt erlebt.

SiMoN

Ich bin in Gefahr, Weil
eine Spinne in Der Nähe ist.
Was mach ich Blos? Ich fliege
fort. Ich sehe eine Blüte. Ich
Sauge mit meinem Saugrüss-
el. den Nektar raus, es ist
gut. Ich fliege in die Luft.
Ich fliege in einen Wald.
Ich habe hunger. ES ist
bald abend, es ist schon 12
Uhr. Hier siend Fledermeuse,
die haben grosse Zähne.
hilfio, die Fledermaus fängt
mich. Am Besten stelle ich
mich tot. Und Weil es 1
Uhr ist schläft Der Schm-
motterling ein. ENdE Von
SiMoN

Rückmeldung

. Wie ist die Geschichte von Simon bei dir angekommen?
Hast du sie gern gelesen?
Schreibe alles auf, was dir gefällt.

.. Hast du alles verstanden in Simons Geschichte?
Schreibe auf, was schwierig ist für dich
und was dir nicht so gut gefällt.

... Kannst du Simon einen Rat geben?
Was könnte er noch besser machen?

Wer Geschichten erfindet,
nimmt andere mit auf eine Reise.
Er freut sich natürlich,
wenn ihm alle gern zuhören.
Das ist aber selten.
Eine Geschichte gefällt oft nur den einen,
die andern sind nicht zufrieden damit.
Darum brauchst du immer mehr
als nur einen einzigen Leser.

Wenn du gut erzählen lernen willst,
musst du darauf achten,
wie deine Geschichten bei andern ankommen.
Lies deine Geschichten andern vor.
Hör genau zu, wenn sie dich loben oder kritisieren.
Überlege dir aber immer gut,
ob du einen Rat befolgen willst oder nicht.

Auch Simon wollte natürlich wissen,
was die andern Kinder
beim Lesen seiner Geschichte alles erlebt haben.
Darum hat die Lehrerin ein paar Fragen aufgeschrieben.
Sie zeigen dir, wie du die Stellen findest,
die dich beim Lesen freuen oder ärgern.
Und sie helfen dir,
über deine Gedanken und Gefühle beim Lesen zu sprechen.

Einem Text musst du
Fragen stellen.
So findest du seine Stärken
und Schwächen.

> Erzähle, wie der Text bei Dir angekommen ist!
>
> 1 Was findest du gut an diesem Text? Erzähle!
>
> 2 Welchen Satz hast du am liebsten gelesen?
>   Unterstreiche ihn grün.
>   Warum gefällt dir dieser Satz besonders gut?
>
> 3 Gibt es einen Satz, den du nicht so gern gelesen hast?
>   Unterstreiche ihn rot.
>   Kannst du den Satz so schreiben, dass er dir gefällt?
>
> 4 Gibt es Wörter, die besonders gut in den Text passen?
>   Unterstreiche sie grün.
>
> 5 Gibt es Wörter, die nicht so gut passen?
>   Unterstreiche sie rot.
>   Kennst du bessere Wörter? Schreibe sie auf.
>
> 6 Bist du beim Lesen irgendwo gestolpert?
>   Unterstreiche die Stelle schwarz.
>   Erkläre, was du nicht so gut verstehst.
>
> 7 Was würdest du anders machen? Erzähle!

. . . .

Simon hat viele Rückmeldungen
zu seiner Geschichte erhalten.
Rebeca freut sich über das Wort **Blüte** ,
weil es so schön klingt.
José ärgert sich über den ersten Satz,
weil er ihn schwierig findet.
Andrea dagegen findet diesen Satz spannend,
weil die Geschichte sofort anfängt.
Beim Wort **Spinne** ist sie gestolpert,
weil Simon zwischen **i** und **n** einen Abstand gemacht hat
Messina versteht **rüss** nicht,
und Bettina hat Mühe mit dem Schriftbild **Sauge** .
Michael hat Angst vor den Zähnen der Fledermäuse,
darum hat er diesen Satz nicht gern gelesen.
Oliver ist rundum zufrieden,
am liebsten würde er die ganze Geschichte
grün unterstreichen.

Martin und Fränzi sind beim letzten Satz gestolpert.
Von ihnen bekommt Simon einen guten Rat.

Fränzi merkt, dass
das Wort **Schmetterling**
im letzten Satz nicht passt.
Simon hat vergessen,
dass er ja selber
der Schmetterling ist.

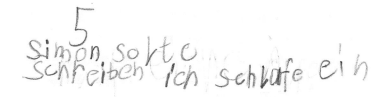

Wer reist, macht sich gern vorher Gedanken
über das, was ihn erwartet.
Bringt mir die Zukunft Glück oder Unglück?
Wird die Reise angenehm oder unangenehm sein?
Auf vieles freut man sich,
anderes macht vielleicht Angst.
Vieles ist unsicher.
So ist es auch bei den Entdeckungsreisen in der Schule.
Vera hat alles aufgeschrieben, was sie freut.

Vera weiss gut,
was in den letzten Wochen
der ersten Klasse
auf sie zukommt.
Sie freut sich auf vieles.

26.2.90 Die **Winterferien**
sind vorbei Ich freue
mich auf das baden Ich freue
mich auf das buchstaben-
forschen Ich freue mich
auf das schreiben.Ich freue
mich Ich freue mich wieder
ins Tagebuch zu schreiben.

Nicht alle Kinder freuen sich auf die Schule,
wenn die Ferien vorbei sind.
Wie ist das bei dir?
Weisst du schon, was auf dich zukommt?
Was hat die Lehrerin oder der Lehrer im Rechnen vor?
Was wirst du lesen, was wirst du schreiben?

Vorschau

. Schreibe im Reisetagebuch auf,
was du über die nächsten Schulwochen weisst.
Was gibt es Neues im Rechnen, in der Sprache
und in den andern Fächern?

. . Worauf freust du dich?
Was macht dir Angst? Warum?
Worüber möchtest du mehr wissen?

. . . Hast du dir selber etwas vorgenommen?
Erzähle!

Ostern ist für Sebnem
kein einfaches Fest.
In ihrer Religion,
dem Islam,
wird Ostern nicht gefeiert.
Daran denkt sie
in ihrer Vorschau.
Ihren Text hat sie
mit Hilfe der Lehrerin
verbessert.

23.3.91

Ich freue mich das in einer
Woche Ostern da ist.
* Heute ist mein Grossvater von der
Türkei gekommen. Er hat
mir versprochen eine Scho-
kolade mit zu bringen.
Eigentlich darf ich auch
nicht Ostern feiern aber
Osterschokolade darf ich
essen. Ich habe noch nie
daheim Eier gemalt. Das
mache ich gerne.
* Ich freue mich das wir in der
Schule etwas für Ostern
basteln. Mich nimmt
es wunder was wir basteln.
Ich verplatze fast.

Wer reist, bewegt sich von einem Ort zum andern.
Kolumbus ist am 3. August 1492 von Spanien weggefahren
und am 12. Oktober auf einer Insel vor Amerika gelandet.
Bis zu seiner Rückkehr dauerte es fast 8 Monate.
Es gibt natürlich auch kürzere Reisen.
Reisen, die einen Tag, eine Stunde, eine Minute
oder gar nur eine Sekunde dauern.
Wenn der Frosch vom Rand des Teichs ins Wasser hüpft,
dauert die Reise nur einen Augenblick.

Wer reist, braucht Zeit.
Jetzt brichst du auf, später kommst du an.
Auf der Reise bewegst du dich.
Manchmal schaust du zurück,
manchmal denkst du an die Zukunft.
Wie kommst du von einem Ort zum andern?
Wie viele Möglichkeiten fallen dir ein?
Tiere reisen anders als Menschen.
Alle haben ihre besondere Art,
sich zu bewegen.

Jasmin hat in einem Bilderbuch
die Geschichte von der kleinen Schlange gelesen.
Die kleine Schlange ist allein.
Darum macht sie eine Reise durch die bunte Wiese.
Aber alle Tiere haben Angst vor ihr.
Jasmin möchte auch eine Geschichte schreiben,
in der ein Tier auf eine Reise geht.
Was könnte das für ein Tier sein?
Wie bewegt es sich?
Jasmin macht ein paar Zeichnungen.
Zu jeder Zeichnung schreibt sie ein Wort.
Das Wort zeigt, wie das Tier sich bewegt.
Wörter wie **fliegen**, **hüpfen**, **schwimmen**
heissen **Verben** .

Jasmin weiss,
dass man Verben
in die Gegenwartsform
und
in die Vergangenheitsform
setzen kann.

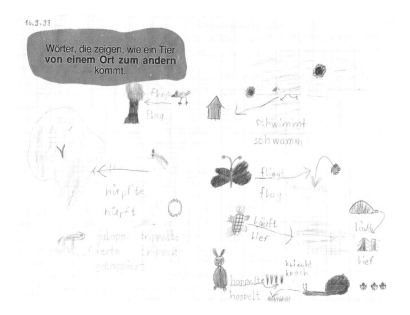

Von einem Ort zum andern

.
Was für Tiere kennst du?
Mach eine lange Liste.

. .
Jedes Tier macht eine kleine Reise.
Wohin will es?
Mach ein paar Zeichnungen wie Jasmin.
Schreibe die passenden Verben dazu.

. . .
Wähle ein Tier aus, von dem du viel weisst.
Erzähle eine kleine Geschichte von seiner Reise.
Wo wohnt das Tier?
Warum will es weg? Was hat es für ein Ziel?

Wenn du eine Geschichte erzählst,
begibst du dich auch auf eine Reise:
eine Reise ins Land der Wörter.
Vielleicht ist die Reise ganz kurz und du schreibst nur

Der Frosch hüpft ins Wasser.

Vielleicht wird die Reise etwas länger.

Du schreibst nicht nur, wohin der Frosch hüpft,
du schreibst auch,
wie er im Wasser schwimmt,
wie er auf ein Blatt klettert,
wie er eine Fliege fängt,
wie er an der Sonne döst
und wie er vor der Katze flieht.

Wenn du eine lange Geschichte schreibst,
brauchst du spannende Verben.
Die Verben treiben die Geschichte voran.
In jedem Verb steckt die Kraft für einen Sprung.
Diese Kraft kannst du spüren,
wenn du ein Verb auf ein Blatt Papier schreibst
und dir überlegst, was für Wörter dazu passen.
Jetzt merkst du, wie das Verb von sich aus Fragen stellt:
Wer hüpft? Wer hüpft wohin? Wer hüpft warum wohin?
Antworten gibt es viele:
Ich hüpfe.
Du hüpfst ins Bett.
Der Frosch hüpft ins Wasser, weil er Angst hat.

Satzbaumodell

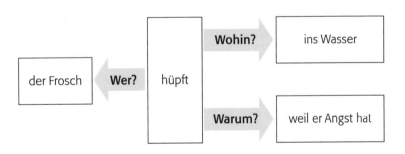

Dieses Bild zeigt dir, wie man einen Satz baut.
Du siehst das Gerüst
mit seinen Bausteinen und Verbindungen.
Im Satz dreht sich alles um das Verb.
Darum steht das Verb
in einem hohen Rechteck in der Mitte.
Auf den Pfeilen stehen die Fragen, die das Verb stellen kann.
Jede Antwort kommt in ein breites Rechteck.

Eine besondere Frage ist die Frage **Wer?**
Sie zeigt nach links.
Das Verb und die Wörter im linken Rechteck
müssen zueinander passen:
Wenn links **der Frosch** steht, heisst das Verb **hüpft**.
Steht links **ich**, heisst das Verb **hüpfe**.
Steht links **du**, heisst es **hüpfst**.
Die Endung des Verbs zeigt dir, wer oder was links steht:

**Ich hüpfe, du hüpfst, er hüpft, sie hüpft, es hüpft,
wir hüpfen, ihr hüpft, sie hüpfen.**

Es gibt aber noch viele andere Fragen,
die das Verb stellen kann.
Alle diese Fragen stehen auf Pfeilen,
die nach rechts zeigen:

**Wem? Wen? Wann? Wie? Wo? Wie oft?
Seit wann? Warum?**

Wenn alle wichtigen Fragen beantwortet sind,
kann man den Satz ziemlich frei
vom Modell ins Heft übertragen:

**Weil er Angst hat, hüpft der Frosch ins Wasser.
Hüpft der Frosch ins Wasser, weil er Angst hat?**

Bestimmt findest du noch andere Möglichkeiten.

Dieses Satzbaumodell
zeigt dir ein paar Fragen,
die sich in einem Verb
verstecken können.
Findest du noch andere
Fragen?

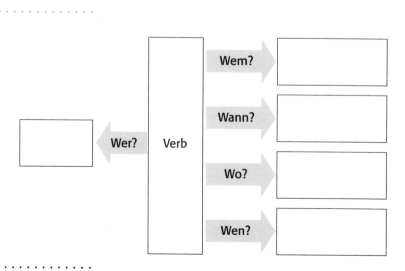

Wie ist das nun in deiner Geschichte?
Was für Verben passen besonders gut zu deinem Tier?
Hast du viele spannende Fragen gestellt?
Wie viele Sprünge gibt es in deiner Geschichte?

Verben suchen und Sätze bauen

. Färbe in deiner Geschichte die Verben mit ihren Endungen.
Manchmal stehen hinten im Satz noch Teile, die zum Verb gehören.

.. Zeichne das Baugerüst mit dem hohen Rechteck für das Verb,
ein paar Pfeilen für die Fragen
und den breiten Rechtecken für die Antworten
in dein Reisetagebuch.
Vielleicht brauchst du ein Lineal.

... Schreibe einen wichtigen Satz in das Gerüst hinein.
Fang mit dem Verb und seinen Teilen an.
Sie kommen ins hohe Rechteck.
Trage jetzt auch die Fragen und Antworten ins Gerüst ein.

.... Fällt dir noch eine weitere Frage ein?
Ergänze das Gerüst.
Findest du eine gute Antwort?

Das Verb ist ein mächtiges Wort.
Es herrscht wie ein König in seinem kleinen Reich
und hat alle Fäden in der Hand.
Alle andern Wörter müssen sich nach ihm richten.
Sie bilden zusammen mit dem Verb einen Satz.
In einem Satz ist auch Platz für ein zweites Verb.
Aber es muss sich unterordnen.
Will das neue Verb selber herrschen,
muss es ein eigenes Reich aufbauen.
Es schafft einen neuen Satz.
Jetzt geht die Geschichte vorwärts.
Sie macht einen neuen Sprung.

Auf deinen Reisen im Land der Wörter
bewegst du dich fast so wie ein hüpfender Frosch.
Der erste Satz ist der erste Sprung.
Dort, wo du mit deinem Sprung anfängst,
beginnt das Reich deines ersten Verbs.
Dieser Anfang ist mit einem Grossbuchstaben markiert.
Dort, wo du mit deinem Sprung landest,
ist der Satz zu Ende.
Hier steht ein **Punkt** .

Jetzt beginnt das Reich eines neuen Verbs.
Und damit niemand diese Grenze übersieht,
steht wieder ein Grossbuchstabe.
So reiht sich Satz an Satz zu einer Geschichte.

Ab und zu ist der Punkt an der Satzgrenze ein wenig verziert.
Vielleicht hast du einen Satz gebaut,
bei dem du am Schluss nicht einfach am Boden landest
wie der Frosch nach dem Sprung.
Vielleicht fängt dein Satz sofort mit dem Verb an,
und deine Stimme geht beim Sprechen hinauf
anstatt hinunter.
Sie schwingt sich wie ein Vogel in die Höhe.
Dein Satz ist eine Frage.
Darum erhält der Punkt am Ende
einen schwungvollen Bogen und wird zum **Fragezeichen** .
Gefällt es dir?

Vielleicht baust du deinen Satz nochmals ein wenig anders.
Er tönt dann so, wie wenn eine Katze springt und zupackt:
Geh weg! oder **Komm her!**
Das ist ein Wunsch, eine Aufforderung oder sogar ein Befehl.
Einen solchen Satz spricht man hart und heftig aus,
und den Punkt am Schluss
verziert man mit einem energischen Strich.

So entsteht das **Ausrufezeichen**.

!

Satzgrenzen

. Nimm eine Geschichte, die dir gefällt.
Suche die Satzgrenzen.
Wo ist der Satzanfang?
Färbe den Grossbuchstaben.
Wo ist das Ende?
Färbe den Punkt, das Fragezeichen oder das Ausrufezeichen.

.. Suche in deiner Geschichte einen Abschnitt,
in dem es Punkte, Fragezeichen und Ausrufezeichen hat.
Lies den Abschnitt so vor, dass man gut hört,
wie der Frosch in einem grossen Bogen hüpft,
wie sich der Vogel am Schluss aufschwingt
oder wie die Katze hart zupackt.

... Suche in deinem Reisetagebuch auch ein paar Sätze.
Hast du den Satzanfang gross geschrieben?
Steht am Schluss ein Punkt,
ein Fragezeichen oder ein Ausrufezeichen?

Wer reist, schickt gern Briefe und Karten
an seine Freunde und Bekannten.
Wer viel Neues erlebt,
schreibt vielleicht sogar einen Bericht für eine Zeitung.
Die Klasse von Miguel, Burçin und Giordano
hat eine eigene Zeitung über die Schule gemacht.
Jedes Kind hat auf einer Seite erzählt,
was ihm auf der Reise durch die erste Klasse
am besten gefallen hat.
Auf jeder Zeitungsseite gibt es einen ausführlichen Bericht.
Daneben steht ein persönlicher Kommentar.
Meist ist dann noch Platz für ein bisschen Unterhaltung.

Miguel erzählt
von einer Reise
ins Reich der Zahlen.
Beim Wegrechnen
denkt er an ein Kegelspiel.
Damit es schön aussieht,
hat Miguel die Wörter
mit Stempeln gedruckt.

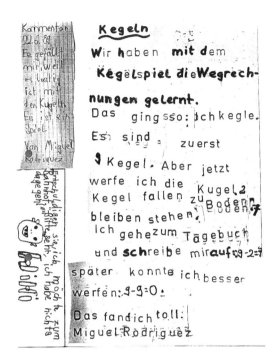

Kommentar
02.6.89
Es gefällt
mir weil
es lustig
ist mit
den Kugeln
Es ist ein
Spiel.
Von Miguel
Rodriquez

Entschuldigen sie ich möchte zum Tagebuch und bitte geht es, ich habe richtig

Kegeln

Wir haben **mit dem**
Kegelspiel die Wegrech-
nungen gelernt.
Das gingsso: Ich kegle.
Es sind zuerst
9 Kegel. Aber jetzt
werfe ich die Kugel 2
Kegel fallen zu Boden 7
bleiben stehen.
Ich gehe zum Tagebuch
und **schreibe** mir auf: 9-2=7
später konnte ich besser
werfen: 9-9=0.
Das fand ich toll:
Miguel Rodriguez

Burçin erklärt, wie sie
mit dem Reisetagebuch
arbeitet.
Andere Kinder und
die Lehrerin haben
Burçin geholfen,
die Wörter richtig
zu schreiben.

Das Tagebuch

Wir arbeiten mit
dem Tagebuch. Ins
Tagebuch schreiben
wir alles auf, was
wir uns im Kopf
ausdenken und was
wir in der Schule
machen. Wir schreiben
über Türme oder wie
gestern über Strizi.
Strizi ist die Katze
von Giordana. Ich habe
über Strizi viel
aufgeschrieben. So
können wir ihn nicht
vergessen. Wir schrei-
ben auch immer das Da-
tum vom Tag dazu.
Burcin Tevs

Kommentar
15.6.89
Wir schreiben
etwas Wichtiges
ins Tagebuch.
Darum arbeite
ich damit
sehr gerne.
von Burçin Tevs

das ist das
Tagebuch

Viele Kinder und Erwachsene haben die Zeitung gelesen.
Zum Beispiel auch eine erste Klasse des Gymnasiums.
Alle Gymnasiasten haben sich mit einem Brief bedankt.
Giordano hat einen Brief von Anatina bekommen.
Er hat sich so darüber gefreut,
dass er Anatina zurückgeschrieben hat.

Giordano
dankt Anatina
für einen Brief.

Briefe schreiben

. Würdest du dich freuen über den Brief von Giordano?
Warum? Warum nicht?

.. Wer könnte sich für das interessieren, was du in der Schule alles erlebst?
Wem möchtest du einen Brief schreiben?

Nimmt es dich wunder, was andere Kinder in der Schule machen?
Es könnte ein Kind aus einer anderen Klasse
oder einem andern Schulhaus sein.
Vielleicht ist das Kind viel älter als du.
Schreib ihm alles, was du von ihm wissen möchtest.

Wenn du einen Brief schreibst,
nimmst du Kontakt auf mit einem andern Menschen.
Du hoffst natürlich auf eine Antwort.
Und wenn dein Briefpartner mitspielt,
gehen bald einmal ein paar Briefe hin und her.
Ein Briefwechsel ist ein Gespräch auf Distanz,
ein Gespräch mit grossen Pausen.
Man hat viel Zeit, sich alles gründlich zu überlegen.

Wenn zwei Menschen sich auf der Strasse begegnen,
geht alles viel einfacher.
Trotzdem gibt es ein paar Regeln.
Auch wenn man sich etwas ganz Wichtiges zu sagen hat,
schiesst man nicht einfach los,
sondern begrüsst sich zuerst
und gibt sich dabei vielleicht die Hand.
Am Schluss verabschiedet man sich wieder.
Das machen wir alle fast immer gleich.
Und wir brauchen auch fast immer die gleichen Wörter.

Auch wenn zwei Menschen miteinander telefonieren,
sagen sie am Anfang und am Schluss
immer wieder die gleichen Dinge.
Weil die beiden sich nicht sehen können,
dauert das meistens ein bisschen länger.

Noch wichtiger sind Anfang und Schluss beim Schreiben.
Weil man den Gesprächspartner nicht sieht und nicht hört,
muss man sich alles ganz genau vorstellen.
Und damit das Schreiben ein wenig leichter fällt,
haben die Menschen abgemacht,
wie ein Brief am Anfang und am Schluss aussehen soll.

Anfang und Ende

. Was sagst du, wenn du jemanden antriffst?
Wie fangen deine Gespräche an? Wie hören sie auf?
Wie machen es die Erwachsenen?
Wie machen es ganz kleine Kinder?
Schreibe viele Möglichkeiten auf.

.. Wie ist es beim Telefonieren?
Sammle interessante Beispiele.

... Woran musst du denken, wenn du einen Brief schreibst?
Bring ein paar Briefe von verschiedenen Menschen mit.
Schau sie dir genau an.
Was ist fast immer gleich?

**Wer zurückkehrt von einer Reise,
weiss viel zu berichten.
Es ist ein schönes Gefühl,
wenn man etwas zu erzählen hat.
Und man ist enttäuscht,
wenn die andern nicht richtig zuhören.**

Zuhören

. Kennst du einen Menschen,
der besonders gut zuhören kann?
Beobachte ihn genau.
Woran merkst du, dass er gut zuhört?
Schreibe alles auf, was er beim Zuhören tut.

.. Wie ist es beim Erzählen in der Schule?
Wer ist die beste Zuhörerin, wer ist der beste Zuhörer?
Begründe deine Meinung.

... Stell ein paar Regeln für gutes Zuhören auf.
Wie zeigen die Zuhörer dem Erzähler,
dass sie sich auf der Reise durch die Geschichte wohl fühlen?

. . . .

Wenn du gut zuhörst,
brauchst du mehr als nur deine zwei Ohren.
Du brauchst auch deine Augen.
Dein Gesicht, dein ganzer Körper hört zu.
Der Erzähler merkt,
wenn du dich von ihm in eine andere Welt entführen lässt.
Und er kann viel besser erzählen,
wenn du ihm mit kleinen, stummen Zeichen antwortest.
Er ist auch froh,
wenn du ihm am Schluss der Geschichte sagst,
was dir besonders gut gefallen hat
und wo du nicht ganz mitgekommen bist.

. . . .

Erzählen ist eine Kunst.
Und wenn jemand gut erzählen kann,
fällt das Zuhören überhaupt nicht mehr schwer.
Man vergisst alles um sich herum
und lebt nur noch in der Geschichte.
Wer eine Geschichte erzählt, braucht Zeit.
Diese Zeit müssen die Zuhörer dem Erzähler geben.
Aber der Erzähler muss die Zeit gut füllen,
sonst langweilen sich die Zuhörer und laufen ihm davon.
Weisst du, wie man spannend erzählt?

. . . .

Alle hören gern zu,
wenn du von deinen Erlebnissen erzählst.
Es wird aber schnell langweilig,
wenn du alles erzählst, was du erlebt hast.
Darum musst du auswählen.
Nicht alle deine Erlebnisse
kannst du beim Erzählen brauchen.
Und vielleicht musst du auch etwas erfinden,
damit deine Geschichte spannend wird.

. . . .

Am besten machst du zuerst eine lange Liste
mit allen Erlebnissen, die dir einfallen.
Dann kannst du in Ruhe alles anschauen.
Bestimmt kommt in deiner Liste vieles vor,
was andere auch jeden Tag erleben.
Das alles kannst du ruhig wegstreichen.

. . . .

Welches ist das wichtigste und interessanteste Erlebnis?
Dafür musst du viel Platz reservieren in deiner Geschichte.
Was kommt an den Anfang? Macht es neugierig?
Hast du einen guten Schluss für deine Geschichte?

Aufzählen und Erzählen

.
Gibt es einen Tag in deinem Leben,
von dem du etwas erzählen möchtest?
Woran erinnerst du dich noch?
Was ist alles passiert?
Was hast du alles gemacht?
Mach eine lange Liste.

. .
Auf deiner Liste steht bestimmt vieles,
was man fast jeden Tag erlebt.
Streiche alles weg,
was deine Zuhörer langweilen könnte.

. . .
Was war das Besondere an diesem Tag?
Erzähle es ohne lange Einleitung.
Der Satz, in dem das Besondere passiert, könnte so anfangen:
Als ich auf die Uhr schaute …
Als ich die Tür öffnete …

Lucia soll etwas von der Schulreise erzählen.
Sie hat ihre Erinnerungen in einer Liste aufgezählt.
Und sie hat einen ganzen Stapel von Fotos durchsucht.
Dann ist sie auf das Bild mit dem Kind im Fluss gestossen.
Daraus hat sie ihre Geschichte
für das Klassentagebuch gemacht.

Lucia schaut auf
die Schulreise zurück.
Sie zählt im Reisetagebuch
alle Erlebnisse auf, die ihr
in den Sinn kommen.
Die Sätze stehen
im Perfekt.

22. 8. 90
Wir erinnern uns an unsere Schulrei-
se. Was ist passiert?
Was haben wir gemacht?

Auf dem Weg haben wir gesungen.
Wir haben mit dem Hund gespielt.
Wir haben Ziegen gesehen.
Stefanie hat sich verletzt.
Wir haben mit einem Brett geschau-
kelt.
Wir sind mit dem Bus von Wetzikon
nach Bauma gefahren.
Wir sind über den Bach gelaufen
nachher waren wir nass.

Für das Klassentagebuch
hat Lucia ein ganz
besonderes Erlebnis
aus ihrer Liste ausgewählt.
Sie erzählt eine kleine
Geschichte im Präteritum.
Viele Kinder und Erwachsene
lesen im Klassentagebuch.
Darum hat sich Lucia
beim Schreiben
Mühe gegeben.

Als wir den Fluss überquerten,
hatte Angela kalt. Angela zitterte
fest. Angela hatte die Schuhe aus-
gezogen. Andere Kinder kamen auch
noch. Das war lustig. Wir picknick-
ten am Ufer.

L. M.

Spürst du, dass die Sätze auf der Liste anders wirken
als die Sätze in der Geschichte?
Sie sind auch anders gebaut.
Alle Sätze stehen in der Vergangenheitsform.
Bei den Sätzen auf der Liste hat das Verb aber zwei Teile.
Ein Teil steht ziemlich am Anfang des Satzes,
der andere Teil ganz am Schluss.
Zum Beispiel: Wir **haben** den Fluss **überquert**.
Diese Form heisst **Perfekt** oder **Vergangenheit 2**.
Das Perfekt kann man gut brauchen,
wenn man zurückschaut und aufzählt,
woran man sich erinnert.

Wenn man mit einer Geschichte beginnt,
benützt man lieber die andere Vergangenheitsform.
Sie besteht nur aus einem Teil
und heisst **Präteritum** oder **Vergangenheit 1**.
Zum Beispiel: **Wir überquerten den Fluss**.
Wenn du das Präteritum brauchst,
spüren deine Zuhörer, dass du jetzt erzählen willst
und dass sie dir ein wenig Zeit geben müssen.
Sie dürfen sich zurücklehnen und geniessen.
Mit dem Präteritum lädst du dein Publikum ein,
dich auf eine Reise in eine andere Welt zu begleiten.

Natürlich kommt auch in Geschichten
ab und zu ein Perfekt vor.
Und in unserer schweizerdeutschen Mundart
gibt es überhaupt nur diese Vergangenheitsform.
Am Anfang eines Märchens heisst es dann nicht
Es war einmal, sondern **Es isch emaal ... gsii**.

Es war einmal ist eine Zauberformel.
Alle Erstklässler haben eine Idee gehabt,
wie eine Geschichte mit diesem Zauber anfangen könnte.
Die Lehrerin hat alle Ideen gesammelt
und aufgeschrieben.

Oliver hat die Liste mit
den Geschichtenanfängen
in sein Reisetagebuch
geklebt.
Er hat seinen Satz
eingerahmt
und sich vorgestellt,
wie der Tiger
aussehen könnte.

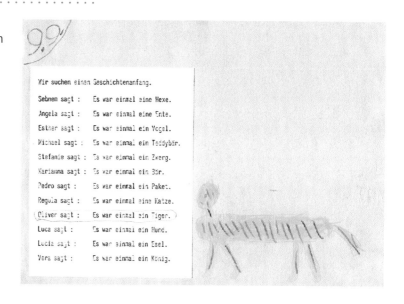

Wir suchen einen Geschichtenanfang.

Sebnem sagt :   Es war einmal eine Hexe.

Angela sagt :   Es war einmal eine Ente.

Esther sagt :   Es war einmal ein Vogel.

Michael sagt :   Es war einmal ein Teddybär.

Stefanie sagt : Es war einmal ein Zwerg.

Marianna sagt : Es war einmal ein Bär.

Pedro sagt :   Es war einmal ein Paket.

Regula sagt :   Es war einmal eine Katze.

Oliver sagt :   Es war einmal ein Tiger.

Luca sagt :   Es war einmal ein Hund.

Lucia sagt :   Es war einmal ein Esel.

Vera sagt :   Es war einmal ein König.

Sebnem hat sich von Mariannas Satz verzaubern lassen.
Noch drei Monate später erinnert sie sich daran.
Jetzt kennt sie schon fast alle Buchstaben.
Darum kann sie die Bärengeschichte aufschreiben.

Sebnem schreibt
viele Wörter so auf,
wie sie beim Sprechen
tönen.
Darum ist das Lesen
manchmal schwierig.

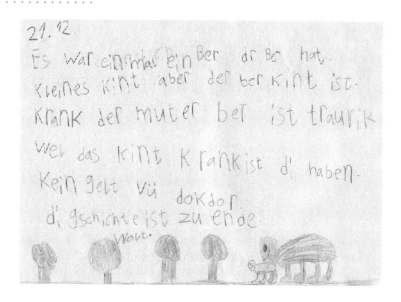

21.12.
Es war einmal ein Ber dr Ber hat
kleines kint aber der ber kint ist
krank der muter ber ist traurik
wel das kint krank ist di haben
kein gelt vü dokdor
di gschichte ist zu ende
Wout.

Wenn man von einer langen Reise zurückkehrt,
schaut man zurück und ordnet seine Erinnerungen.

In der Rückschau macht man sich Gedanken über Gewinne und Verluste der Expedition und bringt seine Schätze in Sicherheit.

Domingo schaut auf
das erste Schuljahr zurück.

13.7.93

Rückblick

Es war lustig den Zhalen Monstern die Zhalen zu flicke. Es war langweilig eine Stäbchen Figur zu machen. Es war lustig mein Geburtstag zu feiert. Es war spannend die Gechichte fonn den roten und blauen Teufel. Es war schön die klebern zu anschauen. Es war lustig ein Hund zu nach malen. Es war schön das Frau Ruf ein Kind bekommt.

Es war lustig ein Nilpferd in tagebuch ein zu kleben. Es war schön das Schmutzli ein brif geschriben hat.

Es war lustig chräbeli zu machen. Es war lustig die zödel an zu malen. Es war schön den Frühling zu spüren. Es war schaden 66 Stempe hate. Es war lustig das ich 66 Stempe hate

Du hast weit zurückgeblättert im Reisetagebuch.
Du hast viele Sätze aufgeschrieben. Sehr gut!
Deine Sätze werden gegen Schluss immer besser.
Dein Rückblick gefällt mir.

Seine Lehrerin hat
von jedem Kind einen Satz
aus dem Rückblick
ausgewählt.
Sie hat damit
ein schönes Blatt für
die ganze Klasse gemacht.

15. Juli 1993

Wir blättern in den Reisetagebüchern

Rückblick auf das erste Schuljahr

Es war schön, Rechnungsgeschichten zu erfinden.
Patrik

Es war langweilig, eine Stäbchenfigur zu machen.
Domingo

Es war lustig, dass wir eine Bastelanleitung machen konnten.
Dominic

Es hat mir gefallen, dass wir aus Teig Buchstaben gemacht haben.
Jasmin S.

Es war spannend, das Schafgedicht zusammenzusetzen.
Cornelia

Es war schwierig, mit den Stäbchen einen Teppich zu weben.
Fabio

Es war lustig, mein Foto vom ersten Schultag im Tagebuch zu sehen.
Vincenzo

Es war lustig, Konfetti-Minusrechnungen zu erfinden.
Antonella

Es war schwierig, alle Kinder kennenzulernen.
Nives

Es war spannend, lesen zu lernen.
Janine

Es war schön, die Familie zu malen.
Christian

Es war schwierig, das Hasengedicht auswendig zu lernen.
Zeliha

Es war lustig, weil es schön war in der Schule.
Silvia

Es hat mir gefallen, ein Bilderbuch zu erfinden.
Beni

Es war lustig, dass wir den Buchstaben R erforscht haben.
Besarta

Es war schön zu rechnen.
Frederico

Es war langweilig, dass wir immer rechnen mussten.
Jasmin A.

Es war schön, das erste Buch zu lesen.
Martin

Es war lustig, am Tagebuch zu schaffen.
Loredana

Es war schwierig zu rechnen.
Gian-Marco

Ich habe am Examen aus meinem Bilderbuch vorgelesen.
Andy

Rückschau

.

Blättere ein wenig zurück in deinem Reisetagebuch.
Schreibe einen Rückblick.
Was hat dich gefreut, geärgert oder gelangweilt?
Was war besonders spannend, anstrengend, schwierig?

Lies den Rückblick eines andern Kindes.
Wo zählt es auf, was gewesen ist?
Wo erzählt es, wie es war?
Welche Sätze stehen im Perfekt? Welche stehen im Präteritum?

Jetzt weisst du schon gut,
wie man sich auf eine Reise vorbereitet,
wie man in Briefen über Neuigkeiten berichtet
und wie man nach der Rückkehr seine Erlebnisse ordnet.
Du weisst auch,
wie man aus vielen Erinnerungen
etwas Spannendes auswählt und so erzählt,
dass andere gern zuhören.
Jetzt bist du bereit,
mit einem erfahrenen Erzähler
auf eine grosse Reise zu gehen
und ihm dies und jenes abzugucken.

Mit dem Bilderbuch **Peter und der Wolf** kannst du lernen,
was man alles braucht für eine Geschichte
und wie du selber ein Bilderbuch machen könntest.
Der Erfinder dieser Geschichte heisst Sergej Prokofjew.
Er lebte in Russland und war Musiker.
Darum hat er beim Erfinden an Musikinstrumente gedacht.
Zu jeder Figur seiner Geschichte passt ein Instrument.
Und jede Figur hat ihre eigene Melodie.
So fängt die Geschichte an:

Früh am Morgen
öffnete Peter
die Gartentür
und trat hinaus
auf die große,
grüne Wiese.

Peter bricht auf zu einer Reise in die Welt.

Den Schutz von Haus und Garten lässt er hinter sich.

Zu Peter passt die helle, hüpfende Melodie der Geige.

Die Ente watschelt hinterher und geniesst ihre Freiheit.

Quakend tönt die Melodie der Oboe.

Auf der grossen, grünen Wiese passiert allerhand.

Für Aufregung sorgt die Katze.

Ihre Melodie spielt die Klarinette;

sie erinnert an Samtpfoten und spitze Krallen.

Bald kommt der Grossvater aus dem Haus.

Er ruft Peter zurück und schafft wieder Ordnung.

Der Großvater kam heraus.
Er ärgerte sich über Peter,
der auf die Wiese
gegangen war
und die Gartenpforte
offengelassen hatte.
»Das ist gefährlich«,
sagte er.
»Wenn nun der Wolf
aus dem Walde kommt,
was dann?«
Peter achtete nicht
auf des Großvaters Worte.
Jungen wie er
haben doch keine Angst
vor dem Wolf!

Der Grossvater hat schon viel erlebt,
darum weiss er, wie gefährlich es draussen in der Welt ist.
Zu ihm passt das näselnde Fagott
mit seiner hinkenden Melodie.

Alt und jung

.   Hast du auch schon etwas Gefährliches gemacht?
     Was haben deine Eltern oder Grosseltern dazu gesagt?

..   Alle alten Menschen sind einmal jung gewesen.
     Wie stellst du dir Peters Grossvater vor,
     als er so alt war wie Peter?

...   Was denken und sagen alte Menschen?
     Was haben sie wohl früher alles erlebt?
     Warum sind sie anders geworden?

Daniela stellt sich vor,
dass Peters Grossvater
als Kind auch einmal
einem Wolf begegnet ist.

Romina denkt,
der Grossvater sei als Kind
ein mutiger Lausbub
gewesen wie Peter.
Aber er war sehr arm.

Als der Grossvater noch klein
war. Der Grossvater hatte noch
nicht schöne Kleider. Er
wohnte in einem kleinen Haus.
Er hatte ein kleines Zimmer.
Er ging gerne in die Schule,
weil er erst am 9 Uhr Schule hatte. (Darum geht er gerne in
die Schule.) Seine Eltern waren
sehr arm. Er hiess Ruben.
Ruben spielte gerne drausen.
Ruben hatte ein gutes Zeugnis.
Er hatte eine 6. Er war sehr froh
das er eine 6 hatte, weil seine
Tante im immer 5 Franken gegeben
hatte. Seine Lieblingsfarbe war
blau.
Er war ein Lausbub. Er war
sehr endlich wie sein Vater,
weil sein Vater auch ein
Lausbub war. Er kletterte
gerne auf die Bäume mit
seinen Freunden. Seine Freunde
waren sehr viele nämlich 6.
Sie hiessen Tomi, Friz, Franz.
Schani, Andi, und Tomas.

Nicht nur Peter geht auf Reisen.
Auch der Wolf sucht neue Abenteuer.
Darum verlässt er seinen Wald und fletscht die Zähne.
Weiss er, dass die Jäger hinter ihm her sind?
Bedrohlich grollen die drei gewaltigen Hörner,
wenn der Wolf auftaucht.

Wahrhaftig –
kaum war Peter fort,
da kam aus dem Wald
der riesengroße,
graue Wolf.
Flink kletterte
die Katze
auf den Baum.

Der Wolf ist kühn wie Peter.
Auch er verlässt seine schützende Behausung.
Seine Waffe sind die Zähne. Er ist gefährlich.
Auch Peter hat eine Waffe. Er ist schlau.
Und er hat einen Freund, den Vogel, der ist pfiffig und flink.
Zu ihm gehört die zwitschernde Melodie der Flöte.
Wer hätte gedacht, dass Peter und der Vogel
stärker sind als der Wolf?
Es ist gar nicht mehr nötig,
dass die Jäger mit ihren Gewehren den Wolf töten.
Ihre Schüsse hat Prokofjew
mit den knallenden Schlägen der Pauke nachgeahmt.

Da kamen
die Jäger
aus dem Wald.
Sie waren
dem Wolf
auf der Spur
und schossen
mit ihren Flinten
nach ihm.

Jetzt kennst du die Figuren der Geschichte.
Peter und der Wolf stehen im Vordergrund.
Sie sind die Hauptfiguren und sorgen für Spannung.
Der Grossvater und die Jäger stehen im Hintergrund.
Sie sorgen für Ordnung.
Im Haus, wo Peter wohnt, wacht der Grossvater.
Im Wald, wo der Wolf haust, sind die Jäger Herr und Meister.
Solche Figuren kannst du gut gebrauchen,
wenn du eine eigene Geschichte erfinden willst.

Figuren erfinden

.

Peter ist schlau und mutig. Er hat keine Waffe zum Töten.
Peter liebt das Abenteuer und geht gern auf Entdeckungsreisen.
Welche Menschen, Tiere oder Märchenfiguren sind auch so?
Schreibe möglichst viele auf.

. .

Auch der Wolf liebt das Abenteuer.
Schwächere fürchten sich, wenn er unterwegs ist.
Wer ist ähnlich wie der Wolf?

. . .

Der Grossvater und die Jäger sorgen für Ordnung.
Aber sie wachen über ganz verschiedene Gebiete.
Wer ist so wie der Grossvater, wer gleicht eher den Jägern?

Jetzt kannst du auswählen.
Wer soll die Hauptfigur sein in deiner Geschichte?
Wer ist der gefährliche Gegenspieler?
Wer sorgt für Spannung? Und wer sagt, was normal ist?
Wie fängt deine Geschichte an?

Schau dir das Bilderbuch nochmals genau an.
Es ist deine Vorlage.
Auf der ersten Seite findest du die erste Szene.
Links steht der Text, rechts das Bild.
Mal jetzt dein eigenes Bild und schreib deinen eigenen Text.
Die folgenden Leitfragen helfen dir beim Erfinden.
Sie zeigen dir, worauf du bei jeder Szene achten musst.

Leitfragen zum Erfinden eigener Geschichten

1. Szene
Die erste Hauptfigur tritt hinaus
aus ihrem gewohnten Kreis.
Sie ist schlau und mutig wie Peter.
Wie heisst sie? Wo wohnt sie?
Wohin geht ihre Reise?

2. Szene
Draussen wartet ein Freund.
Wie heisst er?

3. Szene
Der Freund zankt sich mit jemandem.
Warum streiten die beiden?

4. Szene
Jetzt wird es gefährlich
für den Freund der Hauptfigur.
Ihr Feind taucht auf.
Wie heisst er?

5. Szene
Die Hauptfigur warnt ihren Freund.
Wie macht sie das?

6. Szene
Am Ort, wo die Hauptfigur wohnt,
wacht jemand.
Wie heisst diese Figur?
Wie bringt sie die Hauptfigur
in ihren gewohnten Kreis zurück?

7. Szene
Jetzt tritt die zweite Hauptfigur auf.
Sie ist wild und gefährlich wie der Wolf.
Wie heisst sie?
Woher kommt sie?
Was führt sie im Schild?

8. Szene
Die zweite Hauptfigur sucht sich
ein Opfer aus.
Warum ist sie gefährlich?
Wem geht es an den Kragen?

9. Szene
Schon sucht sich die zweite Hauptfigur
ein neues Opfer.
Wer ist jetzt in Gefahr?

10. Szene
Zum Glück
hat die erste Hauptfigur alles gesehen.
Sie will ihren Bekannten helfen.
Wie bereitet sie sich vor?

11. Szene
Zusammen mit ihrem Freund
schmiedet sie einen Plan.
Was muss der Freund tun?
Wie reagiert die zweite Hauptfigur?

12. Szene
Jetzt geht die zweite Hauptfigur in die Falle.
Welche List
hat sich die erste Hauptfigur ausgedacht?

13. Szene
Wer wacht am Ort,
wo die zweite Hauptfigur wohnt? Was soll
mit der gefährlichen Hauptfigur geschehen?

14. Szene
Was passiert am Schluss der Geschichte?
Was sagt die listige Hauptfigur?
Was meinen die Ordnungshüter?
Ist am Ende alles gut?

Du kannst dir natürlich auch andere Bücher
zum Vorbild nehmen,
wenn du eine Geschichte erfinden willst.
In jeder Figur und in jeder Szene steckt eine Idee,
die du für eine eigene Geschichte brauchen kannst.
Du musst nur nach dem Besonderen fragen.
Schau dir einmal die erste Seite
der Zwergengeschichte von Max Bolliger an.
Was ist hier das Besondere?

Max Bolliger
Eine Zwergengeschichte

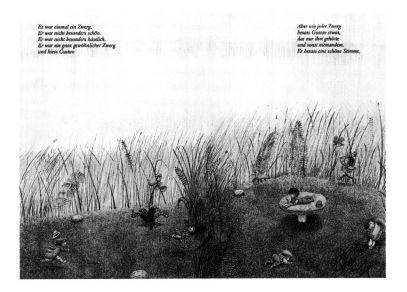

Es war einmal ein Zwerg.
Er war nicht besonders schön.
Er war nicht besonders hässlich.
Er war ein ganz gewöhnlicher Zwerg
und hiess Gustav.

Aber wie jeder Zwerg
besass Gustav etwas,
das nur ihm gehörte
und sonst niemanden.
Er besass eine schöne Stimme.

Der Zwerg Gustav kann gut singen.
Das ist das Besondere an ihm.
Dewi, Niels und Esther haben Gustav zum Vorbild
für eine eigene Geschichte genommen.
Sie haben sich verschiedene Hauptfiguren ausgedacht,
die etwas anderes besonders gut können.
Und sie haben ihnen auch treffende Namen gegeben.
Gefallen dir die Ideen der drei Kinder?
Kannst du dir vorstellen,
wie die Geschichten weitergehen könnten?

Dewis Hauptfigur ist
der Teufel Billi.
Ob sich die andern
wirklich freuen,
wenn er beim Spielen
immer gewinnt?

Es war einmal ein Teufel.
Er war nicht besonders nett.
Er war sehr stark.
Der Teufel hatte zwei Stier-
hörnern am Kopf.
Er hatte ein scheussliches Ge-
sicht.
Der Teufel hiess Billi.

Aber wie jeder Teufel
besass Billi etwas,
das nur ihm gehörte
und sonst niemandem.
Er konnte gut Billiard spielen.
Niemand konnte die
Kugel so schnell
kreuz und quer
über den Tisch rollen.

Die Hauptfigur von Niels
hat vier Gesichter.
Wie viele Gesichter
hast du?

Es war einmal ein Viergesichtler.
Er war frech, aber er war nicht
böse. Nein, gar nicht, er wurde
geliebt.
Er hiess Kmorga.

Aber wie alle Wesen besass
er etwas, das nur ihm
gehörte.
Er besass vier verschiedene Gesichter:
ein hässliches, ein lachendes,
ein weinendes, und ein
mudes.

Esther hat eine
Clowngeschichte erfunden.
Sie erzählt vom Zirkus.

Es war einmal ein Clown.
Er war nett.
Er war nicht besonders gross,
aber auch nicht besonders klein.
Er hatte ein violettes Kleid
mit blauen Tupfen.
Er hatte hellgrüne Schuhe.
Er hatte braunblonde Haare.
Er hiess Conrad.

Er besass etwas, das nur ihm gehörte.
Er konnte ganz gut jonglieren
und den Handstand machen.
Er wohnte in einem Wohnwagen.

Nun hast du schon viele Reisen
ins Reich der Wörter gemacht.
Aber auch im Reich der Zahlen
kennst du dich schon gut aus.
Du hast gelernt, wie man Rechnungen aufschreibt.
Und du weisst auch,
dass sich hinter jeder Rechnung eine Geschichte versteckt.
Wenn du nur mit nackten Rechnungen arbeitest,
kann das ziemlich trostlos sein.
Wenn du aber von deinen Erlebnissen beim Rechnen
erzählst und deine Geschichten aufschreibst,
wird Mathematik spannend.
Auf deinen Reisen ins Reich der Zahlen
kannst du also alles brauchen,
was du im Reich der Wörter gelernt hast.
Bevor wir aber zu einer grösseren Expedition aufbrechen,
laden wir dich auf ein paar kleine Entdeckungsreisen ein.

Wörter, die du gut kennst, kannst du miteinander
zu Sätzen und Geschichten verbinden.
Ganz ähnlich ist es mit den Zahlen.
Bei Zahlen, die du gut kennst,
fallen dir sofort viele andere Zahlen ein,
zu denen man auf vielen Wegen und Umwegen
reisen könnte.
Bekannte Zahlen sind wie bekannte Orte,
die du auf vielen Reisen immer wieder neu entdeckst.
Hast du dir schon einmal überlegt,
welche Zahlen du wirklich gut kennst?

Bekannte und Unbekannte aus dem Reich der Zahlen

Gibt es eine Zahl, die du besonders gut kennst?
Eine Zahl, die du auf deinen Reisen oft antriffst
und über die du viel zu erzählen weisst?

Welches ist die grösste Zahl, die du kennst?
Schreibe sie auf.
Weisst du, wie man sie liest?

111

. . . .

. . .   Von jeder Zahl aus kann man
in grossen oder kleinen Sprüngen zu Nachbarn weiterreisen.
Schreibe Zahlen auf, von denen aus du leicht
in Einer-, Zweier-, Fünfer-, Zehner- oder sogar Hundertersprüngen
weiterhüpfen kannst.
Schreibe auch ein paar Zahlen auf,
bei denen du das nicht kannst.

. . . .

Oliver gefällt die Zahl 9000
besonders gut.
Er sieht sie fast jeden Tag
im Geschäft seines Vaters.
Ob Oliver diese grosse Zahl
auch wirklich gut kennt?
Könnte er von 9000 aus
einen Einer-, Zehner- oder
Hundertersprung machen?

100 Hundert. 110 Einhundert Zehn
9000. Neunthausend 900. Neun
hundert. Mein Papa ferkauft
Saab Neun tausend und Saab
Neun hundert turbo.

Der alte Saab 92 war der
erste Saab den es jemals gegeben
hat.

. . . .

Gibt es Zahlen, die du gern hast,
und solche, die du überhaupt nicht magst?
Lockt es dich, alte Bekannte wieder einmal zu treffen
und Neues zu entdecken?
Hier hast du ein paar Vorschläge für Forschungsreisen
ins Reich der kleinen und der grossen Zahlen.

Zahlenforschen

1. Schreib grosse Zahlen auf. Erkläre, warum du diese Zahlen gross findest.

2. Denk dir eine grosse Zahl.
   Wie stellst du sie dir vor?
   Welche Farbe könnte sie haben?
   Schreibe und male.

3. Such in deiner Umgebung grosse Zahlen.
   Schreib auf, wo du sie gefunden hast.
   Male, zeichne oder klebe.

4. Frag deine Eltern, Grosseltern, Geschwister und Bekannten, ob sie dir eine grosse Zahl sagen können.
   Schreib die Zahl auf.
   Schreib auch den Namen der Person auf, von der du die Zahl hast.

5. Such auf dem Doppelmeter deine Lieblingszahl. Male ein Bild dazu.
   Warum gefällt dir diese Zahl besonders gut?

6. Such auf dem Doppelmeter Zahlen, die besonders gut zu deiner Lieblingszahl passen. Male mit diesen Zahlen einen Zahlenteppich. Warum passen die Zahlen auf deinem Teppich gut zusammen?

7. Schreib Zahlenpaare auf, die sich gut mögen. Vielleicht findest du besonders dicke Freunde.

8. Findest du Zahlenpaare, die sich nicht leiden können? Schreib sie auf.

9. Merk dir eine Zahl.
   Schreib Zahlen auf, die grösser sind als deine Zahl. Schreib auch Zahlen auf, die kleiner sind.

10. Schreib ein paar grosse Zahlen der Reihe nach nebeneinander.
    Kann ein anderes Kind deine Reihe verlängern?

11. Du bist ein Tier, das auf dem Doppelmeter umherhüpft.
    Denk dir eine Sprunglänge aus.
    Schreib auf, bei welchen Zahlen du auf dem Doppelmeter landest.
    Probiere verschiedene Sprunglängen aus.

12. Die Zahlen 1 bis 100 marschieren hintereinander ins Kino.
    Sie setzen sich sehr ordentlich hin.
    Zeichne in deinem Reisetagebuch, wie die Zahlen im Kino sitzen.
    Du darfst mehrere Möglichkeiten ausprobieren.

13. Wähle eine Zahl aus.
    Schreibe passende Rechnungen auf.
    Deine Zahl soll immer das Resultat sein.

14. Hunderterfreunde sind Zahlen, die zusammen genau 100 ergeben.
    Schreibe solche Hunderterfreunde auf.

Grosse Zahlen sind faszinierend.
Sie können aber auch Angst machen.
Niels träumt von der Zahl Tausend.
Bei 1000 denkt er an ein farbiges Feuerwerk.

Grosse Leute spielen
mit grossen Zahlen.
Das macht Niels Eindruck.

Meine Traumzahl ist 1000,
weil ich die so viel gehört
und gesehen habe.

Mein Cousin zälte einmal
auf 1000, dan stellte ich
mir solche Farben for.
Meine Eltern redeten immer
über Ihre Schulden,
das waren Zahlen mit 1000.

Zahlen findet man überall.
Es gibt kaum ein Ding in unserer Umgebung,
auf dem sich nicht irgendwo eine Zahl versteckt.
Oft muss man allerdings ein bisschen länger suchen als Vera

Auf der Schulter
von Veras Vater
kann man ablesen,
wohin er in der Armee
gehört.

Regulas Lieblingszahl ist die 99.
Sie kennt diese Zahl wirklich gut.
Neunundneunzig ist für sie keine einsame Insel,
sondern eine Zahl mit vielen Nachbarn.

Regula weiss,
wo die Zahl 99
zu Hause ist.

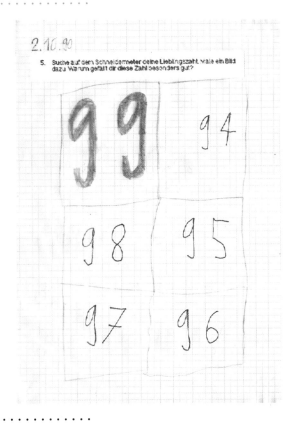

Die Zahl 99 besteht
aus zwei gleichen Ziffern.
Regula merkt,
dass es wichtig ist,
an welchem Platz
eine Ziffer steht:
Die erste Neun hat
einen viel höheren Wert
als die zweite.

2.10.90

Ich finde 99 eine schöne Zahl, weil man
sie auf dem Schneidermeter sieht und an
vielen anderen Sachen sieht. Man sieht 99
an Häuser und an Vercherstafel. Ich habe
egstra Sielberig und Goldig genomen wil
es eine besondere Zahl ist, ich fiende
99 ist auf beiden seiten gleichfiel ist
drum habe ich Sielberig und Goldig
gemalt.

(99)

Du hast die Zahl neunundneunzig ausgewählt. Was weisst du über die beiden 9?

Die hinterste Zahl ist 9·1 und die
forderste Zahl ist 9·10. Das ist doch nicht
gleichfiel.

Wie ist es dir ergangen auf deinen Forschungsreisen?
Hast du viel entdeckt im Reich der Zahlen?
Und hast du deine Erlebnisse
im Reisetagebuch aufgeschrieben?
Hast du auch viele farbige Erinnerungen
von deinen Reisen?

Rückblick aufs Zahlenforschen

.
Schreibe alle Zahlen auf, die du erforscht hast.
Erzähle von einer Zahl, die du neu kennengelernt hast.

. .
Welcher Auftrag zum Zahlenforschen hat dir am besten gefallen?
Welcher Auftrag hat dir am wenigsten gefallen? Warum?

. . .
Was hast du beim Zahlenforschen entdeckt?
Schreibe das Wichtigste auf.

Dewi schaut in der Mitte der zweiten Klasse auf das Zahlenforschen zurück. Man merkt, dass sie gern reist und dass sie schon viel entdeckt hat im Reich der Zahlen und der Wörter.

1.

1000   1990

488

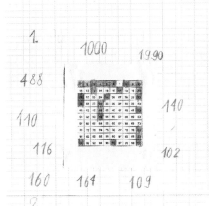

110   140

116   102

160   164   109

2.

Weil es spannend ist, und dann lernt mann vieles über Zahlen, und die Nummer 12 das war ein lustiger. Auftrag, dort stand das von 1 bis 100 ins Kino marschieren, dann habe ich es mir vorgestellt. Immer wenn es am spannendst war hat →

es geteut. Und am nächsten Morgen sagten wir Juhu! jetzt können wir Zahlenforschen, darum habe ich gerne Zahlengeforscht.

3.

Das Tausent grösser ist als eins Ich habe gemerckt das ich die 6er Reihe und die 10er Reihe und die 4er Reihe kann. Ich habe gemerckt das ich die 10er sprung und die 16er sprung und die 5er sprung kann.

Ich habe gemerckt wenn zum Beispiel 109 Die Zahl eins sind ein Hunderter die Zahl null ist null Zehner und die Zahl 9 ist 9 einer.

Man kann so,
aber auch anders

Frag nicht nach der Regel!
Leg es für dich bequem zurecht.
Schau erst nachher, wie die andern es machen.

Das ist doch nicht wahr!
Meistens kann man doch gar nicht anders.
Da ist doch der Vater, der sagt, was man nicht darf.
Die Mutter sagt, was man soll.
Die älteren Schüler sagen, was man muss.
Die Lehrerin sagt, was man nicht kann.
Man muss sich doch immer an Regeln halten.

Stimmt.
Oft kann man nicht so, wie man will.
Oft ist es auch gut, dass man weiss, was man zu tun hat.

Da ist zum Beispiel die Zeit.
Sie läuft immer vorwärts, nie zurück.
Und unser Leben läuft mit.
Dabei werden wir von Tag zu Tag ein bisschen älter.
Das siehst du, wenn du in deinem Fotoalbum blätterst.
Ist dir schon aufgefallen, welche Bilder eher vorne
und welche eher hinten eingeordnet sind?
Muss das so sein?

Alte Fotos

.
Suche in deinem Fotoalbum drei Bilder von dir,
auf denen man schön sieht, wie du älter geworden bist.

. .
Gib die drei Bilder einem andern Kind aus deiner Klasse
und schau, ob es sie in die richtige Reihenfolge bringen kann.

. . .
Schreibe zu jedem Bild einen passenden Satz
in dein Reisetagebuch.

Nicht nur auf Fotos siehst du,
wie du grösser und älter wirst;
du siehst es auch,
wenn du in deinen alten Reisetagebüchern blätterst.
Erinnerst du dich noch, wie anstrengend es war,
die ersten Buchstaben aufs Papier zu kritzeln?

Heute geht das Schreiben doch schon viel leichter.
Und auch die Leser deiner Texte haben es einfacher,
weil du Fortschritte gemacht hast.
Hast du dir schon einmal überlegt,
was du heute besser kannst als früher?

Das sind drei Texte
aus den Reisetagebüchern
von Vera.
Welcher ist der älteste,
welcher der jüngste?

Ich erzähle wie mann Kapuzinersam-
en sezen kann. Zuerst neme ich einen
Topt. Dann fülle ich bis zu der mite Erde hinein. Dann Lege ich zwei Kapuziner-
samen auf die Erde. Dann Lege ich noch
bis zum Rand Erde hinein. Dann bringen
alle Kinder das Töpflein zu Frau Ruf
ins Treibhäuschen. Dann Trenkte Frau Ruf
die Töpfchen.

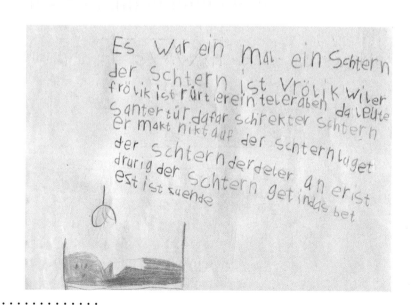

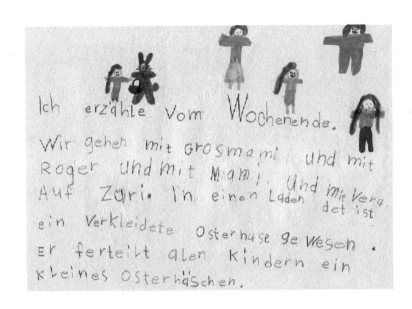

Ich erzähle vom Wochenende.
Wir gehen mit Grosmami und mit
Roger und mit Mami. Und mit Vera
Auf Züri. In einen Laden det ist
ein Verkleidete Osterhase gewesen.
Er ferteilt alen Kindern ein
Kleines Osterhäschen.

Texte vergleichen

. Vergleiche die drei Texte von Vera.
Einer ist am 21. 12. 1989 entstanden,
einer am 2. 4. 1990 und einer am 8. 4. 1991.
Kannst du herausfinden, welches Datum zu welchem Text gehört?

.. Was hat Vera gelernt?
Schreibe möglichst vieles auf, was besser geworden ist.

... Findest du in deinem Reisetagebuch drei ähnliche Beispiele?
Beschreibe deine wichtigsten Fortschritte.

Immer schön der Reihe nach.
So ist es auch im Strassenverkehr:
warte, luege, lose, laufe.
Du kennst diese Regel.
Und du weisst auch,
dass man diese Regel beachten muss,
wenn man gern noch ein bisschen älter werden möchte.
Doch die Gedanken sind frei.
Hast du gewusst, dass man mit den vier Wörtern der Regel
vierundzwanzig verschiedene Regeln bauen kann?

Aber Vorsicht!
Fast alle dieser Regeln sind gefährlich.
Welche? Streiche sie durch!

In der Tabelle mit den
24 Regeln
sind noch ein paar Lücken.
Kannst du sie ausfüllen?
Findest du die richtige
Reihenfolge der Wörter?

warte luege lose laufe	warte luege laufe lose	warte lose luege laufe	warte lose laufe luege	warte laufe luege lose	warte laufe lose luege
luege warte lose laufe	luege warte laufe lose	luege lose warte laufe	luege lose laufe warte	luege laufe warte lose	luege laufe lose warte
lose warte luege laufe	lose	lose	lose	lose	lose
laufe	laufe	laufe	laufe	laufe	laufe lose luege warte

In der Schule ist es zum Glück nicht so gefährlich
wie im Strassenverkehr.
In der Schule passiert vieles
nur im Kopf und auf dem Papier.
Das ist die Welt der Gedanken und die Welt der Phantasie.
Hier kann man immer so oder auch anders!
Und es ist ganz wichtig,
dass man sich immer wieder überlegt,
ob es so oder anders
besser und bequemer geht.

Wer sich immer gut überlegt,
wie er sich etwas bequem zurechtlegen will,
kann viel Zeit gewinnen.
Doch was für den einen bequem ist,
kann für den andern sehr unbequem sein.

Beobachte doch einmal,
wie bei dir zu Hause das Morgenessen zubereitet wird.
Machen es alle genau gleich?
Vielleicht steht am Schluss immer
das gleiche auf dem Tisch,
aber der eine stellt vielleicht zuerst die Milch auf den Herd,
der andere holt die harte Butter aus dem Kühlschrank.
Jeder hat wohl eine Lieblingsreihenfolge.

. . . .

Bequeme Reihenfolgen

. . . .

.   Hast du auch schon einmal das Frühstück zubereitet?
In welcher Reihenfolge hast du die Arbeit gemacht?

. . . .

. .   Beobachte eine andere Person.
Notiere genau,
in welcher Reihenfolge sie die Dinge in die Hand nimmt.

. . . .

. . .   Vergleiche deine Liste mit Listen von andern Kindern.
Hast du etwas Wichtiges vergessen?
Ergänze.

. . . .

. . . . Erfinde eine Person, die ihr Frühstück genau so zubereiten will,
wie es auf deiner Liste steht.
Mitten in der Arbeit passiert etwas Unerwartetes.
Jetzt gerät alles durcheinander.
Erzähle die Geschichte!

. . . .

Viele Wege führen zum Ziel, auch beim Rechnen.
Beim Rechnen bist du frei.
Beim Rechnen kann man immer so oder auch anders.
Und es ist wichtig,
dass jeder seine Lieblingsreihenfolge entdeckt.
Was für andere normal und bequem ist,
kann für dich sehr unbequem sein.
Darum lohnt es sich,
wenn du dir bei jeder neuen Rechnung
ganz viel Zeit nimmst.

. . . .

Das musst du dir merken.
Lass dir bei jeder neuen Rechnung viel Zeit.
Frag nie zuerst nach der Regel.
Schau nicht, was die andern machen.
Leg die Rechnung zuerst in aller Ruhe
ganz für dich allein bequem zurecht.
So haben es auch
Giordano, Ovidio, Graziella und Sonia gemacht.
Alle vier Kinder haben die gleiche Rechnung bekommen,
aber jedes hat sie auf seine Weise gelöst.
Wie rechnest du denn $9 + 8 = \square$?

Giordano hat
die Fünf entdeckt.
Mit 5er-Paketen
kommt man gut vorwärts.

> zu er st neme Ich von dem
> 9 5 weg und dan neme ich
> von dem 8 5 weg und dan
> Habe Ich 10.
> Dann rechne ich:
> 10 + 4 + 3 = 17.

Ovidio erklärt,
wie der Zehnerübergang
geht.

> Ich Dan Arst Bite 8 eine
> Wegne und Dan Dunich
> Bite 9 Anelege und Dan Weis-
> ichs und Dan Dunich no 7
> Desue Lege und Dan
> wei sichs Das Isch 17.

Graziella findet einen freundlichen Nachbarn, der gleich neben der störrischen Rechnung wohnt.

Ich nieme neun Und neun gleich achzen Wäg eins gleich Siebenza. ✓ gut!

Sonia zählt einfach weiter.

Ich Rechnen 9 + 8 : 10 11 12 13 14 15 16 17 So rechne Ich Das Aha, du zählst weiter.

Es gibt wirklich viele Möglichkeiten,
wie man die schwierige Rechnung $8 + 9 = \square$
ausrechnen kann.
Wenn man nicht sofort weiss, dass das Ergebnis **17** heisst,
muss man halt einfach einen kleinen Umweg machen.

Auch $7 + 8 = \square$ ist für viele eine schwierige Rechnung.
Aber auch bei dieser Rechnung
kann man es so oder anders machen.
Ein Kind startet bei sieben und zählt acht Schritte weiter.
Ein anderes weiss genau: sieben und zehn gibt siebzehn;
von siebzehn zählt es zwei weg.
Valeria kennt ein Sprüchlein aus dem Kindergarten:

$1 + 1 = 2$, $2 + 2 = 4$, $4 + 4 = 8$, $8 + 8 = 16$.

Weil $7 + 8$ ganz nahe bei $8 + 8$ liegt,
kommt ihr dieses Sprüchlein schnell zu Hilfe.
Hast du auch einen sölchen Helfer?
Welcher bequeme Umweg
führt dich am schnellsten und am sichersten zum Ziel?

Zehnerübergang

Erinnerst du dich noch an deine erste Rechnung,
bei der das Resultat grösser als zehn war?
Wie hast du damals gerechnet?

Was überlegst du dir heute bei Rechnungen,
die über Zehner- oder sogar Hundertergrenzen hinausgehen?
Zum Beispiel: $37 + 18 = \square$
oder $539 + 283 = \square$.
Schreibe deine Gedanken auf!

Rechnest du so,
weil andere es dir vorgemacht haben?
Ist es wirklich bequem für dich?
Könntest du es dir anders vorstellen?

Weisst du jetzt,
warum es sich lohnt,
sich beim Rechnen Zeit zu lassen
und sich alles schön bequem zurechtzulegen?
Jede Rechnung hat viele Nachbarn.
Zusammen mit diesen Nachbarn
bildet die Rechnung ein belebtes Wohnquartier.
Wenn du nur eine Rechnung ausrechnest
und dir nichts überlegst dabei,
dann erfährst du gar nicht,
wo diese Rechnung zu Hause ist.
Du lernst ihre Nachbarn überhaupt nicht kennen
und kannst dir kein Bild von der Umgebung machen,
in der diese Rechnung wohnt.

Es gibt Rechnungen,
die dich ganz freundlich anschauen.
Es gibt aber auch Rechnungen,
die Angst machen.
Viele Kinder mögen die Rechnung $13 - 7 = \square$
nicht besonders.
$13 - 7 = \square$ ist für sie eine störrische Rechnung.

Zum Glück
liegen nicht alle störrischen Rechnungen nebeneinander.
Störrische Rechnungen haben oft
sehr freundliche Nachbarn.

. . . .

Nachbarschaft

. . . .

.   Bestimmt kennst auch du störrische Rechnungen.
Schreibe sie auf.

. . . .

. .   Was genau ärgert dich an diesen Rechnungen?

. . . .

. . .   Vergleiche deine Rechnungen
mit den störrischen Rechnungen anderer Kinder.
Kannst du herausfinden, warum die gleiche Rechnung
für die einen bequem und für die andern störrisch ist?

. . . .

. . . .   Haben deine störrischen Rechnungen freundliche Nachbarn?
Wohnen sie ganz in der Nähe oder etwas weiter weg?
Kannst du ein kleines Wohnquartier von Rechnungen beschreiben?

. . . .

Rechnungen haben Nachbarn.
Rechnungen wohnen in einer Landschaft,
genau so wie wir Menschen auch.
Du wohnst vielleicht im Quartier einer grossen Stadt.
Vielleicht wohnst du in einer kleinen Stadt.
Vielleicht wohnst du auf dem Land.
Dort, wo du wohnst, fühlst du dich zu Hause.
Zu Hause kennt man sich aus.
Dort, wo man wohnt, verirrt man sich nicht.
Weil man die Umgebung schon
kreuz und quer erkundet hat,
kennt man die schönen und gefährlichen Orte.
Und man weiss auch, wie man am schnellsten
von einem Ort zum andern kommt.
So ist es auch in der Mathematik.

. . . .

Wenn man sich nie nur mit einer Rechnung beschäftigt,
wenn man sich immer auch um ihre Nachbarn kümmert,
wenn man ihre Umgebung kreuz und quer erforscht,
dann lernt man ein ganzes Gebiet der Mathematik kennen.
Man fühlt sich plötzlich zu Hause in der Umgebung,
in der die Rechnung wohnt.
Man verirrt sich nicht mehr so leicht.
Man kann sich auch ganz schnell bewegen,
wenn man will.
Und man macht nur noch selten Fehler.
Wenn man ein Gebiet der Mathematik so gut kennt,
dann freut man sich über Rechnungen.
Und wer gern rechnet, macht schnell Fortschritte.

Wie ist das nun also mit deinen störrischen Rechnungen?
Hast du sie alle aufgeschrieben?
Und hast du freundliche Nachbarn gefunden?
Kennst du mehr freundliche
oder mehr störrische Rechnungen?
Weisst du überhaupt,
wie viele Rechnungen du können musst?
Rechnungen, bei denen du ganz schnell sagen musst,
wie das Resultat heisst?
So viele sind es gar nicht.
Hier sind sie.

Tabelle für Rechnungen
mit Plus oder Minus

+		0	1	2	3	4	5	6	7	8	9	...					
0		0	1	2	3	4	5	6	7	8	9						
1		1	2	3	4	5	6	7	8	9	10						
2		2	3	4	5	6	7	8	9	10	11						
3		3	4	5	6	7	8	9	10	11	12						
4		4	5	6	7	8	9	10	11	12	13						
5		5	6	7	8	9	10	11	12	13	14						
6		6	7	8	9	10	11	12	13	14	15						
7		7	8	9	10	11	12	13	14	15	16						
8		8	9	10	11	12	13	14	15	16	17						
9		9	10	11	12	13	14	15	16	17	18						
...																	

Hast du gemerkt,
wie diese Tabelle gemacht ist?
Es ist eine Plus-Tabelle.
Sie ist ganz einfach aufgebaut,
und doch findest du darin alle Resultate der Rechnungen,
die du nach der ersten Klasse auswendig wissen musst.
Viele davon kennst du schon lange.
Zum Beispiel $5 + 0 = 5$.
Bei vielen muss man nicht lange studieren.
Zum Beispiel bei $7 + 1 = 8$.
Wie viele schwierige Plus-Rechnungen bleiben dann noch?
Sind es **64**? Sind es **49**?
Sind es noch weniger?

Tabellenlesen

· Schreibe ein paar Plus-Rechnungen,
die du in der Tabelle finden kannst,
ohne das Resultat auf ein kleines Blatt Papier.
Schreibe deinen Namen dazu.

.. Tausch dein Blatt mit einem andern Kind.
Findest du die Resultate seiner Rechnungen in der Plus-Tabelle?
Schreib sie aufs Blatt und kleb es in dein Reisetagebuch.
Erkläre, wie du die Resultate in der Tabelle abgelesen hast.

... Hast du eine Idee, wie man in dieser Tabelle
die Rechnung $13 + 15 = \square$ ablesen könnte?
Trage die Zahlen in der Tabelle ein.

.... Stecken in dieser Plus-Tabelle nur Rechnungen mit einem Plus-Zeichen?
Könnte man auch Rechnungen mit einem Minus-Zeichen ablesen?
Versuch im Reisetagebuch aufzuschreiben, wie man das macht.

Tabellen sind etwas Praktisches,
wenn man sie zu lesen versteht.
Oft kann man sie so oder anders gebrauchen.
Vielleicht bist du einmal froh um die Tabelle,
wenn dir beim Zusammenzählen ein paar Finger fehlen.
Du kannst die Tabelle aber auch als Landkarte benützen.
Dann schaust du von hoch oben
auf die Welt der Plus-Rechnungen hinunter.
Jedes Resultat wohnt auf einem quadratischen Grundstück.
Und jedes Resultat hat acht Nachbarn:
vier auf jeder Seite und vier bei den Ecken.
Auf dieser Landkarte kannst du die Wohnorte
von störrischen und freundlichen Rechnungen eintragen.
Vielleicht entdeckst du dabei wichtige Nachbarschaften.

Wohnorte von Zahlen

. Suche in der Plus-Tabelle deine Lieblingsrechnungen.
Färbe die Resultate mit deiner Lieblingsfarbe.
Such dann die störrischen Rechnungen
und färbe sie mit einer anderen Farbe.

.. Wähle eine störrische Plus-Rechnung aus
und schreibe ihre acht Nachbarn ins Reisetagebuch.
Gibt es freundliche Rechnungen unter den Nachbarn?

Helfen sie dir beim Ausrechnen der störrischen Rechnung?
Beschreibe!

. . . .

... Hast du gemerkt, was passiert,
wenn man Rechnungen ein bisschen abändert?
Manchmal bleibt das Resultat gleich,
manchmal verändert es sich.
Wie stark unterscheiden sich Nachbarn höchstens?

. . . .

.... Möchtest du sehen können,
wie stark sich die Nachbarn unterscheiden?
Bau auf jedem Grundstück einen Turm mit so vielen Klötzchen,
wie die Zahl anzeigt, die dort wohnt.
Vielleicht hast du nicht genügend Klötzchen,
um alle Türme zu bauen.
Vielleicht baust du dann die hohen Türme nur noch im Kopf.
Vielleicht überlegst du dir dabei sogar,
wie viele Klötzchen man eigentlich haben müsste.

. . . .

Auf einer Landkarte kann man vieles ablesen.
Man erfährt zum Beispiel,
wie hoch die Berge sind
und wie steil es hinauf und hinunter geht.
Ganz ähnlich ist es in unserer Plus-Tabelle.
Wir stellen uns vor, dass auf jedem Feld ein Turm steht:
Bei der Zahl **18** steht ein hoher Turm mit 18 Holzwürfeln,
bei der Zahl **3** bloss ein Türmchen mit 3 Würfeln.
Kannst du dir vorstellen,
wie diese Turmlandschaft aussieht?
Lauter Treppen kreuz und quer.
Es gibt aber auch Höhenwege,
die ebenaus über lauter gleich hohe Türme führen.

. . . .

Kannst du dir vorstellen,
wie ein Zwerg in dieser Landschaft umhersteigt?
Siehst du, wie er mühsam Stufe um Stufe erklimmt,
wenn er die Rechnung **3 + 4 =** ☐ abschreitet?
Er stellt sich auf die **0**
und sieht zwei bequeme Treppen

. . . .

aus lauter Einerstufen vor sich,
die in zwei Richtungen nach oben führen.
Er wählt die linke Treppe und steigt 3 Stufen hoch.
Dann schwenkt er nach rechts
und steigt 4 Stufen weiter hinauf.
So landet er auf dem Siebnerturm
der Rechnung $3 + 4 = 7$.

So sehen die Türme
in der Plus-Landschaft aus,
wenn man sie
mit Klötzchen baut.
Du kannst die Zahlen
der Plus-Tabelle
auf die Stufen
schreiben.

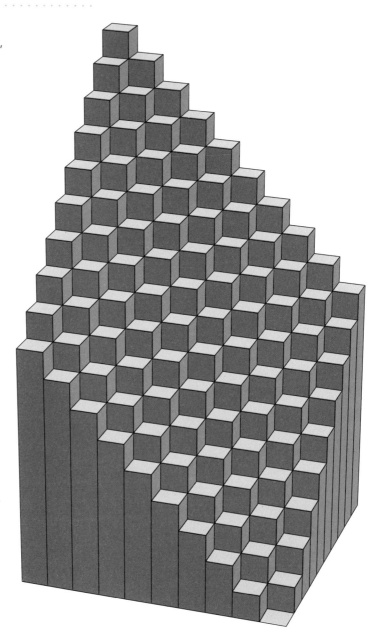

Zum Glück muss der Zwerg nicht jeden Turm
so mühsam erklimmen.
Er kann nämlich zaubern.
Ganz so wie du auch!
Der Zwerg kann sich auf einen Schlag
von **0** auf **8**, **20** oder gar **100** hochzaubern,
aber nur, wenn er auf eine freundliche Rechnung stösst,
eine Rechnung, die er auswendig weiss. Zum Beispiel:
4 + 4 = ☐ oder **10 + 10 =** ☐ oder **70 + 30 =** ☐.
Diesen Zauber kennst du auch.
Schau einmal nach in der Plus-Tabelle,
wo du die Resultate deiner Lieblingsrechnungen
angemalt hast.
Färbe diese Resultate auch im Bild der Plus-Landschaft.
Jetzt weisst du, wo deine Zaubertürme stehen.
Auf alle diese Resultate springst du,
ohne mühsam über Treppen zu steigen
und Schritte abzuzählen.
Und mit jeder neuen Rechnung, die du auswendig kennst,
bekommt dein Zwerg einen neuen Zauberturm geschenkt.

Zaubertürme helfen dir,
Rechnungen leichter und sicherer zu lösen.
Wenn du die Rechnung **100 + 100 = 200** auswendig kennst,
kannst du auch ihre Nachbarn schnell erreichen.
97 + 98 = ☐ zum Beispiel
änderst du ab in **100 + 100 =** ☐,
und schon stehst du auf deinem Zauberturm
in luftiger Höhe.
Jetzt musst du nur noch ein paar wenige Stufen absteigen:
2 Schritte in die eine und 3 Schritte in die andere Richtung.
Es lohnt sich, Zaubertürme zu suchen.
Und wenn du sicher sein willst, dass dein Resultat stimmt,
musst du es mit einem zweiten Zauberturm überprüfen.
Zum Beispiel mit kleinen Schritten auf dem Höhenweg:
97 + 98 = 96 + 99 = 95 + 100 = 100 + 95 = 195.
Das musst du dir gut merken:
Löse jede Rechnung
auf mindestens zwei verschiedene Arten.
Mach es immer so und auch anders.

Rechnungen abändern

Hast du schon alle deine Zaubertürme entdeckt?
Schau einmal genau nach auf den Höhenwegen der Plus-Landschaft.
Gibt es zum Beispiel unter den Neunertürmen auch Zaubertürme?
Schreibe alle zehn Plus-Rechnungen auf,
mit denen man auf dem Höhenweg der Neunertürme landet.
Welche kannst du auswendig?

Schreibe viele Plus-Rechnungen auf, die du nicht auswendig kennst.
Wandle sie so lange ab, bis du einen Zauberturm auf gleicher Höhe entdeckst.
Zum Beispiel $56 + 18 = 55 + 19 = 54 + 20 = 74$.
Erkläre, wie man eine Plus-Rechnung abändern muss,
damit man immer schön auf dem Höhenweg bleibt.

Manchmal kommt man schneller zum Ziel,
wenn man auf einen Zauberturm springt,
der ein bisschen zu hoch oder zu niedrig ist.
So ist es zum Beispiel bei $97 + 98 = \square$.
Schreibe solche Rechnungen auf.
Erkläre, wie du das Resultat findest.
Gibt es nur einen Weg?

Suche ein paar Rechnungen,
die ganz nahe bei einem deiner Zaubertürme liegen.
Gib sie einem andern Kind.
Lass dir erklären, wie es die Rechnung löst.
Benützt es die gleichen Zaubertürme wie du?

Wenn du Rechnungsaufgaben immer wieder abänderst
und wenn du dich nie
mit einem einzigen Weg zufrieden gibst,
wirst du dich in der Zahlenlandschaft bald
wie zu Hause fühlen.
Du entdeckst überall Zaubertürme,
und dein Zwerg muss nur noch selten Treppen steigen.
So verwandelt er sich langsam in eine Fee,
die leichtfüssig über die Türme tanzt und aufsetzt,
wo es ihr gefällt.

Jetzt weisst du, was du tun kannst,
damit dir das Rechnen immer leichter fällt:
viel zaubern und wenig zählen,
weit springen und wenig Treppen steigen.
Das musst du natürlich ein bisschen üben.
Vergiss aber nicht:
Rechnungen sind Aufforderungen zum Tanz!
Und Tanzen lernst du nicht,
wenn du Hunderte von Rechnungen
auf immer gleiche Weise hinter dich bringst.
Lös lieber eine Rechnung auf vielen Wegen
als viele Rechnungen auf einem Weg.

Tanzende Feen brauchen viel Platz.
Und auch für dich
wird es langsam zu eng in unserer Turmlandschaft.
Du darfst sie weiterbauen.
In Gedanken kannst du sie so lange weiterbauen,
wie du willst.
Unendlich weit!
In alle Richtungen.
Wie es mit den Treppen beim Vorwärtsschreiten weitergeht,
weisst du genau: Sie werden höher und höher.
Selbst rückwärts könnte man die Landschaft weiterbauen.
Man müsste nur etwas in die Tiefe graben.

· · · · · · · · · · · · · · · · · ·

Es ist schön,
wenn man genau weiss, wie etwas weitergeht.
Im Land der Mathematik freut man sich ganz besonders,
wenn man herausfindet, dass etwas so und so läuft
und immer so weitergeht,
unendlich weit.
Man sagt dann **und so weiter**
oder schreibt einfach drei Punkte, also so: ...
Für das Wort **unendlich**
gibt es sogar ein eigenes Zeichen.
Es sieht aus wie eine liegende Acht.

Wenn du eine Acht schreibst, kannst du mit dem Bleistift
unendlich lang deine Kurven ziehen.
Und wenn du in der Turmlandschaft immer höher steigst,
kannst du unendlich lang auf dem gleichen Weg bleiben.
Du kannst bei einer **5** starten,
zu einer benachbarten **6** gehen
und schnurgerade immer um eins höher steigen:
Von **6** zu **7** zu **8** zu **9** und so weiter.
Du kannst auf den steilsten Wegen der Turmlandschaft
mit einem Schritt um zwei höher steigen,
dann kommst du zum Beispiel von **5** zu **7** zu **9** zu **11**…
Du könntest sogar Stufen überspringen,
dann kommst du zum Beispiel von **5** zu **8** zu **11** zu **14**…
So gibt es viele Wege, die du einschlagen kannst.

Eine ganz besondere Folge von Zahlen triffst du an,
wenn du bei der Zahl Null startest und von hier aus
auf geraden Wegen von Turm zu Turm hüpfst.
Machst du nur ganz kurze Sprünge,
kannst du zum Beispiel von **0** zu **2** zu **4** zu **6**… hüpfen.
Das ist der steilste Weg,
den du in deiner Turmlandschaft einschlagen kannst.
Hier folgen sich lauter gerade Zahlen,
darum nennt man diesen Weg Zweierfolge.
Wenn du nur an die ersten zehn Türmchen denkst,
die nebeneinander in einer Reihe stehen,
darfst du auch Zweierreihe sagen.

Viele Treppen sind
in der Plus-Landschaft
versteckt.
Hier hast du eine besondere:
Wenn du bei Null startest
und den steilsten Weg wählst,
bist du auf der Treppe
der geraden Zahlen.

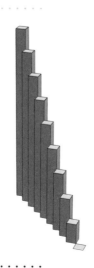

Mit der Zeit wird es etwas langweilig,
immer nur Zweiersprünge zu machen.
Wer schon sicher auf den geraden Zahlen
hinauf und hinunter hüpft,
wagt vielleicht einmal einen grösseren Sprung.
Wie wäre es mit einem Sprung von null zu drei?
Du hast vier Möglichkeiten.
Die Drei kommt in der Plus-Landschaft viermal vor.
Wenn du dich entschieden hast,
geht die Reise schnurgerade über sechs und neun weiter.
So lernst du die Dreierfolge kennen:

0, 3, 6, 9, 12, 15, 18, 21, 24, 27, 30, 33, 36, 39, 42, ...

Wer sogar den Sprung von der Null zu einer Fünf schafft
und in die gleiche Richtung immer gleiche Sprünge macht,
lernt die Fünferfolge kennen.

Es braucht etwas Mut,
grössere Sprünge in unserer Turmlandschaft zu machen.
Aber es lohnt sich.
Wenn du zum Beispiel auf der Siebnerfolge hüpfst,
entdeckst du gute Bekannte der Zahl sieben,
die überhaupt nicht in ihrer Nachbarschaft wohnen.
49 und **56** zum Beispiel sind gute Bekannte,
weil sie beide zur Siebnerfolge gehören.

Ein paar Zahlenfolgen sind besonders wichtig.
Die Einerfolge kennst du ja schon, seit du zählen kannst.
Die Zweierfolge folgt den geraden Zahlen.
Die Dreierfolge kennst du vielleicht
vom grossen Zeiger der Uhr,
der bei **3**, **6** und **9** die Viertelstunden anzeigt.
Die Viererfolge schaffst du leicht.
Die Fünferfolge ist besonders freundlich.
Bei der Sechserfolge hilft dir die Dreierfolge.
Die Siebnerfolge ist für viele sperrig.
Bei der Achterfolge helfen die Vierer- und die Zweierfolge.
Die Neunerfolge hinkt so herrlich der Zehnerfolge nach.
Zum Zählen braucht man oft
auch noch höhere Zahlenfolgen.

Mit der Zwanzigerfolge ist man schnell bei hundert,
mit der Hunderterfolge schnell bei tausend.

Welche Folgen kennst du schon so genau,
dass du schnell ein paar gute Bekannte aufzählen kannst?
Kannst du die Bekannten von **7**
nur der Reihe nach aufzählen,
oder fallen sie dir kreuz und quer ein?
Die folgende Tabelle hilft dir,
wichtige Zahlenfolgen besser kennenzulernen.
Sie zeigt dir die vier Richtungen,
in denen man die Dreierfolge findet.
Von der Null aus starten aber auch alle andern Folgen.
Siehst du schon ein paar?

Erweiterte Plus-Tabelle

0	1	2	3	4	5	6	7		9			12			15			18		
1	2	3	4	5	6	7														
2	3	4	5	6	7															
3	4	5	6	7		9														
4	5	6	7					12												
5	6	7								15										
6	7		9									18								
7														21						
				12												24				
9																		27		
					15															30
12						18														

Grössere Sprünge

Wie grosse Sprünge traust du dir schon zu?
Sprünge in der Viererfolge oder sogar in der Sechserfolge?
Trage deine Zahlenfolge in die erweiterte Plus-Tabelle ein:
Färbe zuerst die Felder
und schreibe erst nachher die Zahlen hinein.

.. 　Wie oft kommt deine Zahlenfolge in der Tabelle vor?
Zeichne möglichst alle geraden Wege deiner Folge ein.

... 　Mach jetzt eine eigene Plus-Tabelle.
Du brauchst dazu ein kariertes Papier mit schön grossen Häuschen.
Wähle eine schwierigere Zahlenfolge
und trage auch ihre geraden Wege in deine Tabelle ein.

.... 　Schliess die Augen
und versuch dich an möglichst viele Zahlen
einer schwierigen Zahlenfolge zu erinnern.
Schreibe diese guten Bekannten
kreuz und quer in dein Reisetagebuch.
Ist ein schönes Bild daraus entstanden?

Jetzt kennst du dich schon gut aus in den Zahlenfolgen.
Du kannst schon schnell und sicher
lange und kurze Sprünge machen.
Hast du ab und zu die Sprünge gezählt,
die du von der Null aus gemacht hast?
Oder hast du jemandem
von deinem Umherhüpfen in der Turmlandschaft erzählt?
Zum Beispiel:
Ich habe von der Null aus 8 Fünfersprünge gemacht
und bin auf **40** gelandet.
Oder: Mit sieben Zwölfersprüngen habe ich **84** erreicht.
Diese kleinen Geschichten
schreibt man in der Mathematik so auf:

$$8 \cdot 5 = 40$$
$$7 \cdot 12 = 84$$

Hast du auch schon solche Rechnungen gesehen?
Dann ist es Zeit für die Mal-Tabelle.

Tabelle für Rechnungen
mit Mal und Geteilt

·	0	1	2	3	4	5	6	7	8	9	…				
0	0	0	0	0	0	0	0	0	0	0					
1	0	1	2	3	4	5	6	7	8	9					
2	0	2	4	6	8	10	12	14	16	18					
3	0	3	6	9	12	15	18	21	24	27					
4	0	4	8	12	16	20	24	28	32	36					
5	0	5	10	15	20	25	30	35	40	45					
6	0	6	12	18	24	30	36	42	48	54					
7	0	7	14	21	28	35	42	49	56	63					
8	0	8	16	24	32	40	48	56	64	72					
9	0	9	18	27	36	45	54	63	72	81					
…															

Die Mal-Tabelle ist ähnlich gemacht wie die Plus-Tabelle.
In der Ecke oben links steht jetzt aber ein Mal-Zeichen,
und die Zahlen werden rasch viel grösser.
In dieser Tabelle findest du
fast alle Resultate der Mal-Rechnungen,
die du nach der zweiten Klasse auswendig wissen musst.
Alles, was du mit der Plus-Tabelle gemacht hast,
kannst du auch an der Mal-Tabelle ausprobieren.
Du musst die Aufträge nur ein wenig abwandeln.

Lesen in der Mal-Tabelle

Schau auf den Seiten 131 und 132 nach.
Mit den ersten beiden Aufträgen zum Tabellenlesen
kannst du auch auf der Mal-Tabelle arbeiten.

Ändere den dritten und vierten Auftrag so ab,
dass sie zur Mal-Tabelle passen.
Aus Plus wird jetzt Mal,
und aus Minus wird Geteilt.

Auch die Mal-Tabelle
kann man sich als Turmlandschaft vorstellen.
Es wäre aber viel schwieriger, sie mit Klötzchen zu bauen.
Die 900 Klötzchen, die man für die Plus-Landschaft braucht,
würden nicht ausreichen.
Kleine Türmchen kommen nicht mehr so oft vor
wie in der Plus-Landschaft:
das Einer-Türmchen nur einmal,
das Zweier-, Dreier- und Fünfer-Türmchen zweimal,
das Vierer-Türmchen dreimal
und das Sechser-Türmchen viermal.
Dafür kommt man schnell zu sehr hohen Türmen.

Hier siehst du
einen Ausschnitt
aus der Mal-Landschaft.
Auf den höchsten Turm
kannst du die Zahl 81
schreiben.
Welche Zahlen kommen
auf die andern Türme?
In der Mal-Landschaft
gibt es ein paar schön
regelmässige Treppen:
die Einerfolge,
die Zweierfolge,
die Dreierfolge.
Es gibt aber auch
ganz krumme Touren.

Schau dir die Türmchen einmal genau an,
die jetzt direkt nebeneinander stehen.
Kommen sie dir bekannt vor?

0, **3**, **6**, **9**, **12**, ... oder **0**, **7**, **14**, **21**, **28**, ...

Stimmt, über diese Türme bist du schon einmal gehüpft,
und zwar in der Plus-Tabelle.
Grosse Sprünge waren das damals:
Sprünge in der Fünfer-, Siebner- oder Neunerfolge.
Türme aus der gleichen Folge sind gute Bekannte.
Jetzt stehen sie direkt nebeneinander.
Es ist wie bei einem Fest:
Gute Bekannte reisen von weit her an
und stehen nun alle schön beisammen.
Gute Bekannte aus der Plus-Landschaft
sind in der Mal-Landschaft Nachbarn.

Jetzt kennst du dich schon ein wenig aus
in der Mal-Landschaft.
Wer hier umhersteigt,
muss sich vor den hohen Treppenstufen in acht nehmen.
Der Sprung von einem Turm zum nächsten
kann halsbrecherisch werden.
Bei einigen geraden Wegen,
die man in der Mal-Landschaft einschlagen kann,
bleiben wenigstens die Treppenstufen immer gleich hoch:

0, **2**, **4**, **6**, **8**, **10**, ... oder **0**, **9**, **18**, **27**, **36**, **45**, ...

Diese Wege kennst du ja bereits;
es sind die Einerfolgen, Zweierfolgen, Dreierfolgen, ...
Es gibt aber auch gerade Wege auf dem Tabellenboden,
bei denen die Treppenstufen
von Schritt zu Schritt höher werden.
Hier kommt man also richtig ins Schwitzen.
Der Weg krümmt sich nach oben
und wird immer steiler.
Die Treppe mit den Quadratzahlen **0**, **1**, **4**, **9**, **16**, **25**, ...
führt dich am schnellsten in die Höhe.
Es ist eine Art Gratwanderung:
Links und rechts vom Weg sind die Türme kleiner.

Auf den Stufen **0, 2, 8, 18, 32, …**
steigt man an der Bergflanke hoch.
Ausruhen kann man sich in der Mal-Landschaft nicht.
Es gibt keine Höhenwanderungen mehr,
bei denen lauter gleich hohe Türme nebeneinander stehen.
Dafür gibt es jetzt Wanderungen über den Bergrücken,
wo man zuerst auf- und dann wieder absteigt:

0, 7, 12, 15, 16, 15, 12, 7, 0 .

Krumme Touren

.   Trage drei Wanderungen mit drei Farben in die Mal-Tabelle ein:
die Wanderung über den Grat, eine Wanderung an der Flanke
und eine Wanderung über den Bergrücken.
Du darfst die Zahlen von oben nehmen oder eigene Wege gehen.
Vergiss aber nicht:
Auf dem Tabellenboden muss der Weg schön gerade sein.

. .   Färbe auch den Weg **32, 35, 36, 35, 32** in der Mal-Tabelle.
Kannst du ihn verlängern, also so: …, **32, 35, 36, 35, 32**, … ?
Wie hast du die Fortsetzung des Weges gefunden?
Wie verändern sich die Höhen der Stufen?

. . .   Verlängere alle gefärbten Wege, so weit es geht.
Schreibe alle Mal-Rechnungen der Wege der Reihe nach untereinander.
Vergleiche die Rechnungen.
Entdeckst du eine Regel?

Vielleicht hast du noch ein wenig Angst
vor der Mal-Tabelle;
du fühlst dich noch nicht ganz zu Hause.
Du kommst dir so klein vor
unter den vielen hohen Türmen.
Lass dich nicht einschüchtern!
Auch unter den hohen Türmen
wirst du Zaubertürme entdecken:
Rechnungen, die du auswendig weisst.
Lass dir Zeit. Mach es doch so wie Erica.

145

Erica erzählt,
wie eine freundliche
Nachbarin ihr hilft,
eine störrische
Mal-Rechnung zu zähmen.
8 · 8 = 64
ist ihr Zauberturm.

Im Rechnen habe ich schon gem-
~~ergerkt~~ das das Rechnen schwir-
~~t~~ iger wird. Weilmans auswendig wisen mus. ich wuste nicht

was 7 · 8 gibt dan Rechnete ich
8 · 8 = 64. dan nam ich 4 weg das
gabes 60 nochernam ich noch 4
weg dan wuste ich was 7 · 8 = gibt

7 · 8 = 56

In hohen Türmen
verstecken sich manchmal ganz einfache Rechnungen:
Wie ist es mit **7 · 10 = 70**, mit **4 · 25 = 100**
oder gar mit **10 · 100 = 1000** ?
Vielleicht kennst du solche Rechnungen schon auswendig.
Dann hast du ja schon Zaubertürme in der Mal-Landschaft.
Auch in der Mal-Landschaft wirst du tanzen lernen.
Auch hier ist es wichtig,
dass du mit Zaubertürmen rechnest
und dass du immer zwei oder drei Wege ausprobierst.
So entdeckst du deine Lieblingsrechnungen,
und so lernst du auch störrische Gesellen zähmen.

Gute Bekannte

.
Suche in der Mal-Tabelle deine Lieblingsrechnungen.
Schreibe sie in dein Reisetagebuch und erkläre, warum du sie magst.
Kennst du sie schon auswendig? Sind es Zaubertürme?

. .
Wie viele störrische Rechnungen
kannst du mit deinen Lieblingsrechnungen
und deinen Zaubertürmen zähmen?
Beschreibe, wie das geht.

Hilft dein Trick beim Zähmen auch einem andern Kind?
Tausch dein Reisetagebuch mit ihm
und probiere seine Tricks auch aus.

. . . .

Freundlichkeit ist ansteckend.
Das kennst du vom Lachen.
Jemand kichert heimlich,
und plötzlich brechen alle in schallendes Gelächter aus.
Ähnlich ist es auch mit den freundlichen Rechnungen.
Sie stecken ihre störrischen Nachbarn an,
und plötzlich werden diese ganz nett.
Hinter störrischen Rechnungen
verstecken sich oft interessante Geschichten.
Wenn Erica an ihre störrische Rechnung $7 \cdot 8 = \square$ denkt,
kommt ihr sofort der kleine Umweg in den Sinn,
der ihr bei der Lösung geholfen hat:

$$7 \cdot 8 = (8 \cdot 8) - 4 - 4 \,.$$

Geht es dir auch so?
Erinnerst du dich an störrische Rechnungen,
die du auf deine Weise abgeändert und gezähmt hast?
Magst du sie jetzt besser?
Hast du die Geschichte auch so genau wie Erica
in dein Reisetagebuch geschrieben?
An solchen Erinnerungen freut man sich später.

. . . .

Je mehr Wege und Umwege dir zu Rechnungen einfallen,
desto freundlicher schauen dich die Zahlen an.
In jeder Zahl verstecken sich Rechnungen.
Manchmal sind es viele Rechnungen,
manchmal sind es wenige.
Was fällt dir ein, wenn du fünfzehn hörst?
Fünfzehn ist Resultat von vielen Rechnungen.
Wer die Fünfzehn gut kennt, denkt sicher an

$$15 = 7 + 8 \quad \text{oder an} \quad 15 = 3 \cdot 5 \,.$$

Regula hat in der Plus-Landschaft mit der **6** gespielt.
Sie wollte wissen,
wie viele Rechnungen es gibt, bei denen **6** das Resultat ist.
Hat sie alle gefunden?

Regula hat
24 Rechnungen gefunden,
bei denen das Resultat
immer **6** ist.

31.1.

Was gibt alles 6?

$3 + 3 = 6$ $2 + 1 + 1 + 1 + 1 = 6$
$4 + 2 = 6$ $1 + 1 + 1 + 1 + 1 + 1 = 6$
$5 + 1 = 6$ $7 - 1 = 6$ $9 - 1 - 1 - 1 = 6$
$4 + 1 + 1 = 6$ $8 - 1 - 1 = 6$
$3 + 1 + 1 + 1 = 6$ $10 - 1 - 1 - 1 - 1 = 6$

31.1   Ich habe 34   Ich habe
$2 + 4 = 6$ $10 - 3 - 1 = 6$ mit der
$1 + 5 = 6$ $10 - 1 - 3 = 6$ Schteker.
$1 + 1 + 4 = 6$ $10 - 5 + 1 = 6$
$1 + 1 + 1 + 3 = 6$ $10 - 5 - 2 + 1 + 1 = 6$
                      $10 - 4 - 2 + 2 + 2 = 6$
$10 - 4 = 6$ $20 - 10 - 5 - 1 + 1 + 1 = 6$
              $20 - 10 - 1 - 1 - 1 - 1 = 6$
$10 - 2 - 2 = 6$ $19 - 10 - 1 - 1 - 1 = 6$

Gibt es auch Resultate,
die du so gut kennst wie Regula?
100 Resultate findest du in unserer Plus-Tabelle.
100 Resultate in der Mal-Tabelle.
Zu welchen Resultaten fallen dir Rechnungen ein?
Fang mit den kleinen Zahlen an.
Mit den kleinen Zahlen
kann man auch grosse Rechnungen meistern.

Rund um Resultate

Kennst du eine Zahl,
die Resultat von vielen verschiedenen Mal-Rechnungen ist?
Schreibe alle Rechnungen, die dir einfallen, ins Reisetagebuch.

Suche in der Mal-Tabelle Resultate, die häufig vorkommen.
Schreibe alle Mal-Rechnungen zum gleichen Resultat untereinander.
Du darfst die Mal-Tabelle auch erweitern.

Nimm das Resultat,
zu dem du am meisten Rechnungen gefunden hast.
Zu diesem Resultat gibt es noch viel mehr Rechnungen!
Mach es so wie Regula mit der Sechs.
Erfinde zu deinem Resultat
ein paar lange Rechnungen mit Mal und Geteilt.

Zu jedem Resultat gibt es unendlich viele Rechnungen.
Aus lauter einfachen Mal-Rechnungen
kann man eine lange Kette bauen:

$3 \cdot 4 = 12, \quad 12 \cdot 5 = 60, \quad 60 \cdot 2 = 120$.

Mit jeder Mal-Rechnung steigt man
zu einem nächsten Zwischenresultat auf.
Wenn dir das Zwischenresultat zu gross wird,
kannst du es mit einer Geteilt-Rechnung wieder verkleinern.
Wenn du zum Beispiel von **120** auf **5** absteigen willst,
musst du **120** durch **24** teilen.
Du kannst auch auf **6** oder auf **8** absteigen.
Auf **7** kommst du nicht direkt,
da musst du einen Umweg wählen.

Kettenrechnungen kannst du Schritt für Schritt
ausrechnen und aufschreiben.
Am besten machst du nach jeder Rechnung ein Komma,
damit man gut sieht, wo die alte Rechnung aufhört
und die neue Rechnung anfängt.
Man macht das bei allen Rechnungen so,
weil sonst das Gleichheitszeichen nicht mehr stimmt.

Das Zeichen = darfst du nur schreiben,
wenn links und rechts genau gleich viel steht.
Schau einmal nach in deinen alten Reisetagebüchern:
Hast du das Gleichheitszeichen immer richtig gesetzt?
Auch bei den Plus-Rechnungen?
Regula hat es in der ersten Klasse noch falsch gemacht.

$5 + 5 = 40$.
Auch Regula weiss,
dass das falsch ist.
Trotzdem kann man
es in ihrem Reisetagebuch
so nachlesen.
Auch bei Kettenrechnungen
muss links und rechts
vom Gleichheitszeichen
immer gleich viel stehen.
Darum muss man nach
jedem Zwischenresultat
eine neue Rechnung
aufschreiben.
Die Lehrerin macht es
Regula vor.

16.11.
$5 + 5 = 10 + 10 = 20 + 20 = 40$
$3 + 3 = 6 + 6 = 12 + 12 = 24$
$7 + 7 = 14 + 14 = 28 + 28 = 56$
$1 + 1 = 2 + 2 =$

$5 + 5 = 10 \qquad 10 + 10 = 20 \qquad 20 + 20 = 40$
$3 + 3 = 6 \qquad 6 + 6 = 12 \qquad 12 + 12 = 24$
$1 + 1 = 2 \qquad 2 + 2 = 4 \qquad 4 + 4 = 8$

Wer das Land der Mathematik entdecken will,
darf sich nicht hetzen lassen.
Trotzdem ist es manchmal wichtig,
dass man das Resultat einer Rechnung
ganz schnell zur Hand hat.
Hast du dir auch schon überlegt,
wie es bei dir am schnellsten und am bequemsten geht?
Und hast du schon einmal nachgefragt,
wie es die andern machen?
Du kannst ja einmal ausprobieren,
wie es am schnellsten geht:
mit den Fingern abzählen,
in der Tabelle nachschauen
oder im Kopf rechnen.

Rechnen gegen die Stoppuhr

.   Schreibe zwanzig einfache Rechnungen mit ihren Resultaten
untereinander auf einen langen Papierstreifen.
Es dürfen alle Rechnungen aus den beiden Tabellen vorkommen.

..   Lies deine Rechnungen einem andern Kind vor.
Es darf mit den Fingern, mit der Tabelle oder nur mit dem Kopf rechnen.
Schau auf der Uhr nach, wie lange es braucht,
um alle zwanzig Resultate zu finden.

...   Teste deinen Streifen auch bei andern Kindern.
Findest du eines, das mit den Fingern,
eines, das mit der Tabelle, und eines, das nur mit dem Kopf arbeitet?
Wer ist am schnellsten?

Wer rechnet am schnellsten in deiner Klasse?
Wie machen es die Flinksten?
Lohnt es sich auch beim Rechnen gegen die Stoppuhr,
wenn man das Resultat auf einem zweiten Weg überprüft?
Vielleicht sind gar nicht immer die Kinder am schnellsten,
die alles nur im Kopf rechnen.
Trotzdem haben sie einen grossen Vorteil.
Wer mit dem Kopf rechnet,
kann seine Zaubertürme einsetzen.
Zaubern geht immer schneller als Rechnen.
Schneller, als wenn man Hilfe sucht bei den Fingern,
den Tabellen oder gar bei Taschenrechnern.

Wer auch beim Schnellrechnen
nicht Hals über Kopf losschiesst,
wer die Rechnung schnell ein bisschen abändert,
entdeckt meist einen Zauberturm,
der die Arbeit erleichtert.
Lass dich nicht davon abbringen,
dir die Rechnungen immer bequem für dich zurechtzulegen,
auch wenn's pressiert.
Beim Umstellen und Abändern
stösst du immer wieder auf neue Zaubertürme.

Und du bewegst dich immer flinker
in der Zahlenlandschaft.
Zaubertürme sind eine wunderbare Sache.
Sie helfen dir, auch komplizierte Rechnungen zu lösen.
Auf deinen Zaubertürmen kannst du umhertanzen,
wie es dir gefällt.
Nie verlierst du den Überblick,
auch wenn die Zahlen ganz gross werden.

Manchmal genügt es,
wenn man bloss den Überblick über eine Rechnung hat,
wenn man nur ungefähr weiss, wieviel sie gibt.
Sich Überblick verschaffen über Rechnungen ist eine Kunst,
die fast ebenso wichtig ist wie das Rechnen selbst.
Diese Kunst heisst **Schätzen** .
Wer gut schätzen will, muss zaubern können.
Jede Aufgabe kannst du so abändern,
dass du ihr Resultat schätzen kannst.
Du zauberst dich einfach auf einen Turm,
der etwas höher oder etwas tiefer liegt,
und schon weisst du,
in welcher Gegend das Resultat zu Hause ist.

Esther und Romina haben den Auftrag bekommen,
Gegenstände zu zählen.
Wie viele Äpfel liegen auf dem Tisch?
Wie viele Beeren hängen an der Traube?
Wie viele Nadeln hat der Ast?
Das möchte die Lehrerin wissen.
Mit den Äpfeln hat Esther keine Mühe:
Sie zählt sie einfach der Reihe nach.

Esthers Äpfel
verstecken sich
hintereinander.
Darum passt sie
beim Zählen gut auf.

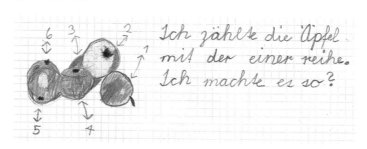

Bei den Nadeln kommt man mit Zählen nicht sehr weit,
das merkt Esther bald.

Esther hat das Schätzen
entdeckt.
Jetzt muss sie
nur noch lernen,
alles aufzuschreiben,
was sie denkt.

Du hast gemerkt, dass
es an der Traube 8 Äst-
chen hat, aber du hast
es nicht aufgeschrieben.

*

Am Ast hat es etwa 900
Nadeln. Als ich nähmlich
bei einem Ästchen zählen
wollte war ich in der mite
des Ästchen schon bei 55.
Da dachte ich, wenn ich alle
zähle bin ich Morgen noch
dran. * Dein Ast hat 9 Ästchen.
Das gibt 9 x 100 Nadeln.

Romina hat die Kraft des Schätzens entdeckt.
Sie erklärt in ihrem Reisetagebuch ausführlich,
wie sie die Aufgabe mit den Äpfeln, Beeren
und Nadeln löst.
Bereits bei den Äpfeln
kommt ihr ein erster Zauberturm zu Hilfe.
Zuerst zählt sie die 6 Äpfel, dann überprüft sie
das Resultat mit ihrem Zauberturm $3 + 3 = 6$.
Bei der Traube zählt sie bloss die Beeren eines Ästchens
und achtet nicht darauf,
ob es bei andern Ästchen eine oder zwei Beeren
mehr oder weniger hat.
Ob für sie $7 \cdot 15 = 105$ auch ein Zauberturm ist?
Bei den Nadeln wird sie sehr grosszügig:
Sie rundet **92 Nadeln** auf **100 Nadeln** auf
und rechnet jetzt bequem mit ihren beiden Zaubertürmen
$10 \cdot 100 = 1000$ und $3 \cdot 1000 = 3000$.

Romina legt sich
die Aufgabe
in aller Ruhe zurecht,
bevor sie zu zählen
und zu schätzen beginnt.

Ich bin sicher das es 6 Äpfel
sind, weil ich die Äpfel gezählt
habe. Ich schaute ob 3+3 ging
es ging also hab ich recht,
weil 3+3 6 gibt.

Ich schaue die Traube gut
an dann zähle ich die Be-
eren ein wenig.

Ein Seitenestchen ist abgebrochen.
Ich zähle die Beeren vom
Seitenestchen es sind 15 dann
neme ich das abgebrochene
Seitenestchen und schaue
wievile solche Estchen plaz an
die ganze Traube haben.
Ich rechne es aus.
Es sind 105.

Das sind die 15 Beeren.

Ich habe das Estchen
7 mal drauf gelegt.

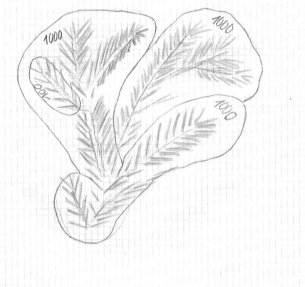

Ich zähle zuerst ein Ästchen.
Es sind 92. Ich denke es wären
100. Ich messe es mit den Händen.
Ich schäze bis 1000. Ich zähle 100er
schriten. Ich kann nicht
weiter zählen darum schäze
ich nochmals 1000+ nochmals
1000. Ich schäze es sind 3000.

Beeren und Nadeln muss man nicht alle Tage zählen.
Trotzdem gibt es häufig Gelegenheit zum Schätzen,
und zwar nicht nur in der Schule.
Wie machst du es,
wenn du 20 Franken in der Tasche hast und überlegst,
ob das Geld reicht für die 9 Pakete Luftballons,
von denen 7 noch mit dem alten Preis von Fr. 1.95
und 2 bereits mit Fr. 2.30 angeschrieben sind?
Und wie machen es die Erwachsenen,
wenn sie im Restaurant kontrollieren,
ob die Kellnerin alle Kassenzettel
richtig zusammengezählt hat?
Kellnerinnen können meist viel schneller
rechnen als Kunden.

Grosse Zahlen

. Suche in deiner Umgebung Gegenstände, von denen es viele gibt.
Schätze, wie viele es sind.
Erkläre im Reisetagebuch, wie du es gemacht hast.

.. Erfinde Rechnungen mit grossen und unbequemen Zahlen.
Schätze ihr Resultat mit Hilfe deiner Zaubertürme.
Gib deine Rechnungen auch andern Kindern.
Gehen sie beim Schätzen gleich vor wie du?

... Mach dich auf die Suche nach Menschen,
die häufig schätzen müssen.
Erzähle ihre Rechengeschichten.

Hast du viele Menschen kennengelernt,
die dir Geschichten über das Schätzen erzählen konnten?
Seit bald alle einen Taschenrechner haben,
ist die Kunst des Schätzens
fast etwas in Vergessenheit geraten.
Das ist schade.
Taschenrechner ersetzen das Schätzen nicht.
Auch den Taschenrechner musst du kontrollieren,
sonst passiert es dir,
dass du Resultaten blindlings glaubst,
die tausendmal zu gross oder tausendmal zu klein sind.

Taschenrechner sind wunderbare Helfer.
Du kannst sie in der Zahlen-Landschaft umherjagen,
soviel du willst.
Ohne zu murren, flitzen sie für dich
auf die höchsten und unbequemsten Türme
und machen dabei nie einen falschen Tritt.
Man könnte ganz neidisch werden.
Aber Taschenrechner sind auch dumm.
Sie können nur so und nie anders.
Sie wissen nicht,
was wichtig und was unwichtig ist,
und sie haben keine Zaubertürme und keinen Überblick.

156

Darum musst du sie immer genau im Auge behalten:
Nur du weisst,
wohin die Reise geht
und worauf es ankommt.

Welche Reihenfolge
ist besser?

Achte auf das Besondere.
Greif ein!
Was passiert, wenn du umstellst?

Vater, Mutter, Daniela und Roger
sitzen am Mittagstisch.
Es gibt Spaghetti.
Wer darf sich zuerst bedienen?
Ist es angenehm, der erste zu sein?
Wie ist das in deiner Familie?
Wann bist du an der Reihe?
Ist es gut so?

Manchmal darf man die Reihenfolge umkehren.
Und oft lohnt es sich, darüber nachzudenken,
welche Reihenfolge besser sei.
So ist es zum Beispiel beim Rechnen.
Manchmal ändert man die Reihenfolge,
ohne sich viel zu überlegen;
manchmal braucht es etwas Mut.
Wie zählst du **2** und **49** zusammen?
Bestimmt beginnst du nicht bei **2**
und machst dann **49** anstrengende Schritte vorwärts.
Du kehrst die Aufgabe um und rechnest einfach
49 + 2 = 51.
Bei der Aufgabe **17 + 18 + 1 =** ☐
braucht es vielleicht etwas Mut.
Wie wäre es mit **17 + 1 + 18** ?
Ist diese Reihenfolge nicht ein bisschen angenehmer?

Aufgaben umstellen

. Die Aufgabe 43 + 18 + 57 = ☐ ist nicht sehr freundlich.
Findest du eine bessere Reihenfolge?

.. Erfinde selber eine unfreundliche Aufgabe,
bei der es sich lohnt, die Reihenfolge umzustellen.
Gib sie andern Kindern. Finden sie bessere Reihenfolgen?

... Keine Angst vor Ungetümen!
5 + 5 + 1 + 1 + 5 + 1 + 5 + 1 + 5 + 5 + 1 + 1 + 1 + 5 + 5 + 1 = ☐.
1 + 2 + 3 + 4 + 5 + 6 + 7 + 8 + 9 + 10 + 11 + 12 + 13 + 14 = ☐.
Hast du eine Idee, wie man diese fürchterlichen Gesellen zähmen kann?

Ist es nicht schön, wenn man die Reihenfolge wählen darf?
Menschen, die sich gern mit Zahlen
und Wörtern beschäftigen, geniessen diese Freiheit.
Sie rechnen oder schreiben nie einfach drauflos.
Sie nehmen sich viel Zeit,
ihre Sätze und Rechnungen umzustellen
und nach der besten Reihenfolge zu suchen.

So frei wie beim Schreiben und beim Rechnen
ist man im Leben fast nie.
Wenn du zum Beispiel in die Bäckerei gehst,
um ein Brot einzukaufen,
passiert alles in einer bestimmten Reihenfolge:
Du gehst von zu Hause weg,
überquerst vielleicht eine Strasse
(warte, luege, lose, laufe, du weisst schon ...),
bekommst dein Brot, bezahlst und kehrst zurück.
Diese Reihenfolge ist ziemlich fest.
Ein bisschen frei bist du trotzdem.
Du kannst vielleicht den Weg links herum
oder den Weg rechts herum wählen;
du kannst vor oder hinter dem Haus vorbei,
du kannst die Abkürzung über oder
unter dem Zaun einschlagen,
und du kannst schlendern, gehen, laufen, rennen, hüpfen
oder sogar ein Stück kriechen.

Möchtest du wissen,
auf wie viele Arten du zum Bäcker gehen kannst?
Ein wunderbares Buch hilft dir da weiter.
Fleissige Leute haben im Laufe der Zeit
über sechzig Wörter gesammelt, die sagen,
wie man sich fortbewegen kann.
Das dicke Buch mit den vielen Wörtern heisst
«Duden 8. Die sinn- und sachverwandten Wörter».
Hier kannst du auch nachlesen, auf wie viele Arten man
lachen, lügen, fragen oder etwas machen kann.
Weisst du, was die Leute
anstatt Kind, Hand, Mut oder Schule auch noch sagen?
Kennst du zwanzig Wörter für blau?

Auf so viele Arten
kann man sich fortbewegen!

Mit Abkürzungen spart man Platz:

landsch. heisst landschaftlich
(So redet man in einzelnen Regionen)

ugs. heisst umgangssprachlich
(So redet man nur zu Hause)

nordd. heisst norddeutsch
(So redet man in Norddeutschland)

österr. heisst österreichisch
(So redet man in Österreich)

schweiz. heisst schweizerisch
(So redet man in der Schweiz)

↑ heisst: Schau nach!
(Auch zu diesem Wort haben wir
Wörter gesammelt)

fortbewegen (sich), gehen, laufen *(landsch.)*, zu Fuß gehen, marschieren, schreiten, wandeln, wallen, stolzieren, stelzen, stöckeln, tänzeln, tippeln *(ugs.)*, tappeln *(ugs.)*, trippeln, trotten, zotteln, zuckeln, zockeln, schwärmen, stak[s]en, gehen wie ein Storch im Salat *(ugs.)*, stapfen, tappen, waten, stiefeln, schlappen *(salopp)*, latschen *(abwertend)*, schlurfen, schlurren *(ugs., nordd.)*, hatschen *(ugs., österr.)*, watscheln · *leise:* schleichen, auf Zehen / Zehenspitzen / Fußspitzen gehen · *mit einwärts gerichteten Fußspitzen:* über den [großen / dicken] Onkel gehen *(ugs.)*, onkeln *(ugs.)* · *schnell:* rennen, springen *(landsch.)*, spurten, sprinten, eilen, hasten, huschen, jagen, stieben, stürmen, stürzen *(ugs.)*, rasen, sausen, fegen, pesen *(ugs.)*, wetzen *(ugs.)*, düsen *(ugs.)*, presten, blädern *(ugs., österr.)*, pledern (ugs., österr.), flitzen, spritzen, die Beine in die Hand / unter den Arm nehmen, laufen wie eine gesengte Sau *(derb)* · *vorsichtig:* wie auf Eiern gehen *(ugs.)* · *in einer Stadt:* Pflaster treten *(ugs.)*; ↑beeilen (sich), ↑bewegen (sich), ↑Boot [fahren], ↑fahren, ↑herumtreiben (sich), ↑hinken, ↑kommen, ↑kriechen, ↑pilgern, ↑spazierengehen, ↑treten, ↑weggehen; ↑Fortbewegung, ↑Fußgänger, ↑Marschroute, ↑Ortsveränderung, ↑Strecke.

Auf fast hundert Arten kannst du also zum Bäcker gehen.
Aber an der Reihenfolge kannst du nichts ändern.
Die Münzen zum Beispiel
kannst du dem Bäcker nicht überreichen,
bevor du von zu Hause losgezogen bist.
Da bist du überhaupt nicht frei.

Frei bist du hingegen, wenn du erzählst, was du erlebt hast.
Beim Erzählen darfst du anfangen, wo du willst.
Deine Geschichte kann dort anfangen,
wo du dem Bäcker das Geld überreichst,
oder dort,
wo du mit dem Brot unter dem Arm gestolpert bist.
Du darfst sogar etwas erfinden,
wenn es die Geschichte spannender macht.
Beim Erzählen bist du ebenso frei wie beim Rechnen.

Geschichtenanfänge

.   Nimm ein paar Geschichtenbücher und lies immer nur den ersten Satz.
Welche Sätze gefallen dir am besten?
Schreibe drei schöne Sätze in dein Reisetagebuch ab.

..   Lies den besten Geschichtenanfang ein paar andern Kindern vor.
Macht der Anfang neugierig auf die Fortsetzung der Geschichte?
Tauscht eure Meinungen aus.

> Geschichten kann man mit Wörtern
> oder mit Bildern erzählen.
> Manchmal helfen Bilder,
> eine Wörtergeschichte besser zu verstehen.
> So ist es bei Bilderbüchern.
> Manchmal helfen Wörter,
> eine Bildergeschichte besser zu verstehen.
> So ist es bei Comics.
> So ist es auch bei Filmen.
> Es gibt aber auch reine Wörtergeschichten
> und reine Bildergeschichten.
> Es ist gar nicht so leicht,
> mit Bildern allein eine Geschichte zu erzählen.
> Hast du es schon einmal versucht?
> Du kannst mit ganz einfachen Mitteln
> Bilder so aneinanderreihen,
> dass sie sich wie im Film bewegen.

Trickfilm

.   Du brauchst einen dicken Notizblock und einen Bleistift.
Zeichne in die rechte obere Ecke des untersten Blattes
ein einfaches Figürchen.

..   Zeichne das Figürchen ganz leicht verändert
an die gleiche Stelle des zweituntersten Blattes.

... Verändere das Figürchen wieder ganz leicht
und zeichne es auf das drittunterste Blatt.
Und so weiter.

.... Mit dem Daumen kannst du die Blätter hochdrücken
und ganz rasch der Reihe nach fallen lassen.
Jetzt bewegt sich das Figürchen.

**Hast du gemerkt,
wie Filme aus vielen Bildern gemacht sind?
So ist es auch bei Bildergeschichten.
Vieles bleibt von Bild zu Bild gleich,
doch in jedem neuen Bild
wird etwas Kleines, aber Wichtiges verändert.
Das kannst du nachprüfen.**

Die Reihenfolge
der vier Bilder
ist noch nicht festgelegt.

**Diese vier Bilder stammen aus einer Bildergeschichte.
Einiges kommt auf allen vier Bildern vor.
Drei Bilder sehen fast gleich aus.
Nur weniges, aber Wichtiges ist von Bild zu Bild anders.
Hast du es entdeckt?**

Fabio, Antonella und Martin
haben die vier Bilder in eine Reihe gelegt
und eine Geschichte dazu erfunden.
Jede Geschichte ist anders,
jedes Kind hat die Bilder anders angeordnet.

Der Mann und der Handschuh
Eine Geschichte von Fabio

Fabio erzählt im ersten Satz
etwas, was man auf
seinem ersten Bild
noch gar nicht sieht.
Er verrät uns,
was der Mann im Sinn hat:
Der Mann ist unterwegs,
um Brot einzukaufen.

7.2.94
Der Mann und der Handschu

Ein Mann wollte Brot kaufen. Auf dem Weg
sah er einen Handschu unter einem Baum.
er Las in auf und setzte in auf den Baum.
Da sah er ein kleiner Vogel gesehen. Als er aus
der Bäckerei kam sah er der kleine Vogel in
Handschu.

Von einem Handschuh
Eine Geschichte von
Antonella

Antonella erzählt etwas,
was man auf den Bildern
nicht direkt sieht.
Sie erklärt, warum sich
der Vogel in den Handschuh
gesetzt hat.
Im Handschuh ist es warm.
Das ist im Winter
besonders angenehm.

7.2.94 Von ein Handschuh der Mann get
zu ein Laden er kauft ein Brot vür esen kauft
der kleine Mann set ein klein Vogel, er set
ein Handschuh er Lauf Lauf uh Laf und er set
die Hause van der Handschuh ven der ist sein
Haudschuh er get Schnel zu holen. er oist noch
Tele will Traus der Vogel nemen ober er will
er nicht Trausen er hat warm in die Handschuh

**Der kleine Peter
ist nett zu dem Vogel**
Eine Geschichte von Martin

Martin hat eine
überraschende Reihenfolge
der Bilder gewählt.
Er hat gemerkt, dass man
bei Geschichten mit
Wörtern mehr Freiheit hat
als bei Bildergeschichten.
Er erzählt zuerst,
wie es jeden Freitag ist,
und erst nachher,
was an einem besonderen
Freitag passiert ist.

> 7.2.94
>
> Der kleine Petter ist nett zu dem Vogel.
>
> Es war einmal ein kleiner Mann der hiess
> Petter er gelt jeden Freitag in die
> beitz hinein zum Brott kaufen. An einem
> Freitag sah er ein warmer Handtschuh
> er hate mit einem Vogel mitleit er
> nam den warmen Hantschuh tate den
> warmen Hatschuh auf den Baum und er hat
> Brott gekauft und auf dem Baum in dem
> warmen Hantschuh sahs der Vogel.

Drei Geschichten zu vier Bildern

. Lies die drei Geschichten.
Welche gefällt dir am besten?
Kannst du erklären, was dir gefällt und was nicht?

.. In welcher Reihenfolge hat Fabio die vier Bilder angeordnet?
Wie hat es Antonella gemacht? Wie Martin?

... Leg die vier Bilder in eine ganz andere Reihenfolge.
Fällt dir eine Geschichte dazu ein?
Schreibe sie auf.

**Es gibt viele Möglichkeiten,
die Bilder nebeneinander zu legen.
Wie viele genau? (Warte, luege, lose, laufe!)
Zu jeder Reihenfolge gibt es natürlich
unendlich viele Geschichten.
Beim Erzählen ist die Freiheit grenzenlos.
Beim Erzählen kann man immer so, aber auch anders.**

167

Wenn du mit Wörtern erzählst, was du erlebt hast,
kannst du die Reihenfolge frei wählen.
Im ersten Satz steht vielleicht etwas,
was die Zuhörer neugierig macht.
Eine Geschichte von Franz Hohler
fängt zum Beispiel so an:

«Ein Stück Land wollte einmal in die Stadt gehen.»

Eine andere fängt so an:

**«Eines Nachts, als Frau Scholl allein zu Hause war,
hörte sie im Estrich Schritte.»**

Noch eine andere so:

**«Ein Misthaufen und ein Eichhörnchen
schlossen einmal Freundschaft zusammen.»**

Wenn du willst, kannst du sogar mit dem beginnen,
was ganz am Schluss passiert ist,
und dann zurückschauen und erzählen, was vorher war.
Zum Beispiel:

«Ich habe eine Million gewonnen! Und das kam so: ...»

Wie wäre es, wenn du die gleiche Geschichte
nur mit Bildern erzählen wolltest?
Wärst du in der Reihenfolge ebenso frei?
Probier es doch einmal mit den vier Bildern,
die du schon kennst.

Ohne Worte

. Leg die vier Bilder mit dem Handschuh und dem Vogel
so nebeneinander,
dass man die Geschichte versteht,
ohne etwas dazu schreiben zu müssen.

.. Warum hast du gerade diese Reihenfolge gewählt?
Schreibe zu jedem Bild,
warum es gerade an diesem Platz liegen muss.

Ziemlich sicher hast du die Reihenfolge gefunden,
die auch Fabio gewählt hat.
Auf jeden Fall hat der Zeichner
die vier Bilder ohne Worte so angeordnet:
Zuerst das Bild mit dem Handschuh am Boden,
dann das Bild mit dem leeren Handschuh auf dem Ast,
dann die Bäckerei,
schliesslich das Bild mit dem Vogel im Handschuh.

Bildergeschichten ohne Worte versteht man am besten,
wenn schön eines nach dem andern kommt
wie im Leben auch.
Bei Geschichten aus Wörtern ist das anders.
Sie sagen häufig zuerst,
wie es immer ist,
und erzählen dann,
wie es an einem besonderen Tag war.
So hat es Martin gemacht.
Er hat die Reihenfolge des Zeichners geschickt abgeändert
und das dritte Bild an die erste Stelle gesetzt.
Im dritten Bild sieht er,
was der Mann immer macht:
Er geht jeden Freitag in die Bäckerei.
Das ist der Hintergrund der Geschichte.
Im ersten Bild passiert dann das Besondere:
Der Mann findet einen Handschuh.
Das ist der Vordergrund.
Genau so macht es auch Franz Hohler
in seinem Geschichtenbuch **«Der Granitblock im Kino»**.
In diesem Buch findest du auch die Geschichten
zu den Anfängen, die du schon kennst.

Die ungleichen Regenwürmer

Hintergrund
Franz Hohler beschreibt,
wie es immer schon
gewesen ist.

Tief unter einem Sauerampferfeld lebten einmal zwei Regenwürmer und ernährten sich von Sauerampferwurzeln.

Vordergrund
Jetzt kommt das Besondere.

An dieser wichtigen Stelle
steht oft ein Satz,
der so anfängt:
Eines Tages …
Eines Abends …
Eines Morgens …
Plötzlich …
Auf einmal …

Eines Tages sagte der erste Regenwurm: »Wohlan, ich bin es satt, hier unten zu leben, ich will eine Reise machen und die Welt kennenlernen.« Er packte sein Köfferchen und bohrte sich nach oben, und als er sah, wie die Sonne schien und der Wind über das Sauerampferfeld strich, wurde es ihm leicht ums Herz, und er schlängelte sich fröhlich zwischen den Stengeln durch. Doch er war kaum drei Fuß weit gekommen, da entdeckte ihn eine Amsel und fraß ihn auf.

Hintergrund
Der Alltag geht weiter.

Der zweite Regenwurm hingegen blieb immer in seinem Loch unter dem Boden, fraß jeden Tag seine Sauerampferwurzeln und blieb die längste Zeit am Leben.

Aber sagt mir selbst – ist das ein Leben?

Hintergrund und Vordergrund

.
Färbe den Text mit den Regenwürmern so,
dass man deutlich sieht,
wo der Hintergrund und wo der Vordergrund ist.

..
Suche in den Geschichten von Fabio und Martin Sätze,
die vom Hintergrund erzählen.
Färbe auch in diesen Texten Vordergrund und Hintergrund.

...
Findest du auch andere Geschichten,
in denen man Hintergrund und Vordergrund unterscheiden kann?

....
Was passiert,
wenn man in der Geschichte mit den Regenwürmern
die Sätze weglässt, die den Hintergrund beschreiben?
Was passiert, wenn man sie an eine andere Stelle verschiebt?

Jetzt weisst du schon viel mehr über Geschichten.
Du kennst auch den Unterschied zwischen
Geschichten aus Wörtern und Geschichten aus Bildern.
Und du weisst, dass in vielen Geschichten
zuerst der Hintergrund beschrieben wird.
Auf einem dunklen Hintergrund
leuchtet etwas Helles viel stärker.
Wenn es ganz still geworden ist,
fährt einem ein Schrei durch Mark und Bein.
Und wenn man zuerst an das denkt, was immer ist,
wirkt das besondere Ereignis überraschender.
Ganz neu ist das ja nicht für dich.
Oder hast du schon einmal versucht,
mit einem schwarzen Bleistift
auf schwarzes Papier zu schreiben?
Siehst du.
Vielleicht hast du jetzt Lust bekommen,
es mit einer andern Bildergeschichte zu versuchen.
Hier ist sie.

Jedes Bild könnte
das erste sein.

Reihenfolgen

. Welches der vier Bilder gefällt dir am besten?
Schreibe alles auf,
was dir zu diesem Bild einfällt.

.. Gehört dein Lieblingsbild
eher zum Hintergrund oder zum Vordergrund?
Warum?

... Lege die vier Bilder in eine Reihenfolge
und erfinde eine passende Geschichte dazu.

.... Fällt dir zu einer andern Reihenfolge der Bilder
auch eine Geschichte ein?
Beginn mit einem Bild,
zu dem du dir einen neuen Hintergrund ausdenken kannst.

Bei der Geschichte mit der Schildkröte gibt es ein Bild,
mit dem viele Kinder gern anfangen:
Das Bild mit der Schachtel und dem Klebband.
Wenn man die Geschichte ohne Wörter erzählt,
ist das sicher der beste Anfang.
Man könnte aber auch mit dem Bild anfangen,
das der Zeichner an den Schluss gesetzt hat:
das Bild mit dem blauen und dem roten Ballon in der Wiese.
Jasmin erklärt,
warum sie mit diesem Bild anfangen möchte.

Man kann auch das Bild
mit dem roten und
dem blauen Ballon
zum Hintergrund machen.
Jasmin hat eine Idee,
wie eine Geschichte
mit diesem Bild
anfangen könnte.
Wie geht sie weiter?

14.3.94

Ich neme dass Bild.

Ich neme das Bild weil es richtig
Frühling ist und weil der Mann
so schön lächelt. Auch die Ballone
stehen schön kein Lüftchen get
härlich.

Dem Mann ist es Langweilig er denckt
ich schaue einfanch zam Fenster
heraus. Die Ballone stehen schön da
wie Mann und Weib.

Es ist anstrengend, Geschichten zu erfinden.
Man muss gleichzeitig an so vieles denken:
an das, was man erzählen will,
an die Wörter und Sätze, die man braucht,
an die grossen und kleinen Buchstaben
und an die richtige Reihenfolge.
All das zusammen schafft man selten auf Anhieb.
Auch berühmte Dichter machen beim ersten Mal Fehler.
Auch sie müssen einen Text zweimal, dreimal, viermal
umstellen, neu schreiben und überarbeiten.
Das ist ganz normal.

Stefan und Loredana haben einen ersten Versuch gemacht.
In ihrer ersten Fassung der Geschichte
ist vieles gut gelungen,
vieles kann man noch besser machen.
Texte kann man gut gemeinsam überarbeiten.
Oft sieht man in einem fremden Text besser,
was gut ist und was verändert werden muss.
Am Beispiel von Stefans Text kannst du lernen,
wie du andern beim Überarbeiten helfen kannst.

Stefan ist vieles
auf Anhieb gelungen.
Einiges kann man auch
besser machen.

> Der Mann hatte eine Paket gefuden
> er öffnete das Paket er siet eine
> Schildkröte und einen Ballon. er holt
> schnell ein Klebstreifen und nimmt
> die schildkröte. dan Klebt den Ballon
> auf den Pantze. der Mann sagte es kuro
> klappt. er öffnete die Tür. er siet der
> Schildkröte zu wie sie wandert. eine
> Stunde später ist die Schilkröte in
> der wiese. sie verschwand in der
> hochen Wiese. am nächsten Morgen
> kommt der Mann ans Fenster. aber
> er siet zwei Ballone aber er sagt
> ich habe nur eine schilkrkröte mit
> einem Ballon gemacht nicht zwei.

Wortwahl und Satzbau bei Stefan

. Im Text von Stefan gibt es einige treffende Wörter.
Unterstreiche sie.
Warum sind diese Wörter besonders gut gewählt?

174

. . Die folgenden Sätze sind immer gleich aufgebaut:
Der Mann hat ein Paket gefunden.
Er öffnet das Paket.
Er sieht eine Schildkröte.
Ein paar Sätze hat Stefan anders gebaut.
Färbe sie.
Warum wirken diese Sätze gut?

. . . Könnte man andere Sätze von Stefan
durch Verschieben der Wörter verbessern?

Beim Bau von deutschen Sätzen
hat man viele Möglichkeiten:
Man kann die gleichen Wörter
so, aber auch anders anordnen.
Und es ist gar nicht selbstverständlich,
dass man die beste Reihenfolge der Wörter
gleich beim ersten Versuch erwischt.
Stefan ist es ein paarmal gelungen.
Zum Beispiel beim Satz
Am nächsten Morgen kommt der Mann ans Fenster.
Vielleicht hast du schon versucht,
die Wörter in diesem Satz umzustellen.
Hast du gemerkt,
dass einige Wörter immer aneinander kleben
und nur als Gruppe verschoben werden können?
Solche Wortgruppen nennt man **Satzglieder**.
Schau die folgende Tabelle genau an.

1. Stelle	2. Stelle	3. Stelle	4. Stelle
Am nächsten Morgen	kommt	der Mann	ans Fenster.
Am nächsten Morgen	kommt	ans Fenster	der Mann.
Der Mann	kommt	am nächsten Morgen	ans Fenster.
Der Mann	kommt	ans Fenster	am nächsten Morgen.
Ans Fenster	kommt	am nächsten Morgen	der Mann.
Ans Fenster	kommt	der Mann	am nächsten Morgen.

Stefans Satz besteht also aus vier Satzgliedern.
Es gibt sechs Möglichkeiten,
aus diesen vier Satzgliedern einen Satz zu bauen.
Einer tönt ziemlich merkwürdig.

Am nächsten Morgen kommt ans Fenster der Mann.

Er passt nur, wenn er ganz besondere Nachbarn hat.
Nachbarn, die sich auch etwas künstlich benehmen:

**Am nächsten Morgen kommt ans Fenster der Mann,
der am Abend zuvor noch im Haus sich versteckt hat.**

Bestimmt ist dir aufgefallen,
dass ein einziges Satzglied seinen Platz nie verlassen hat:
Das Verb **kommt** bleibt immer an der zweiten Stelle.
Verschiebt man das Verb, ändert sich die Art des Satzes.
Tritt das Verb an die erste Stelle,
entsteht ein Fragesatz.

1. Stelle	2. Stelle	3. Stelle	4. Stelle
Kommt	am nächsten Morgen	der Mann	ans Fenster?
Kommt	am nächsten Morgen	ans Fenster	der Mann?
Kommt	der Mann	am nächsten Morgen	ans Fenster?
Kommt	der Mann	ans Fenster	am nächsten Morgen?
Kommt	ans Fenster	am nächsten Morgen	der Mann?
Kommt	ans Fenster	der Mann	am nächsten Morgen?

Es gibt noch einen dritten Platz,
den das Verb einnehmen kann:
Es ist die letzte Stelle im Satz.
Steht das Verb am Schluss,
verwandelt sich der Satz in einen **Nebensatz** .
Er kann nicht mehr allein stehen.
Darum müssen wir einen Satz dazuschreiben.

Zum Beispiel: **Stefan hat gesagt, dass ...**

Stefan hat gesagt, dass...			
1. Stelle	2. Stelle	3. Stelle	letzte Stelle
am nächsten Morgen	der Mann	ans Fenster	kommt.
am nächsten Morgen	ans Fenster	der Mann	kommt.
der Mann	am nächsten Morgen	ans Fenster	kommt.
der Mann	ans Fenster	am nächsten Morgen	kommt.
ans Fenster	am nächsten Morgen	der Mann	kommt.
ans Fenster	der Mann	am nächsten Morgen	kommt.

Jetzt weisst du,
wie du auch eigene Sätze umstellen kannst.
Probier es bei einem Text, der dir gefällt
und den du auch andern zeigen möchtest.
Wähle einen Satz aus.
In welcher Reihenfolge tönt er am besten?
Wie passt er am besten zu seinen Nachbarn?

Umstellen

. 	Unterstreiche einen wichtigen Satz in deinem Text.
Schreibe ihn ohne Fehler in die erste Zeile einer Tabelle.

.. 	Setze ein anderes Wort oder eine andere Wortgruppe
an den Satzanfang.
Schreibe den neuen Satz in die zweite Zeile der Tabelle.

... 	Setze nochmals ein anderes Wort oder eine andere Wortgruppe
an den Satzanfang.
Wie oft kannst du dieses Spiel wiederholen?
Schreibe möglichst viele Beispiele in die Tabelle.

.... 	Hast du gemerkt, welche Wörter immer zusammenbleiben
und nur als Gruppe verschoben werden können?
Das sind die Satzglieder.

Welche Reihenfolge ist besser?
Das kann man nicht immer leicht sagen.
Und vielleicht sind nicht immer alle der gleichen Meinung.
Wer viel schreibt,
bekommt mit der Zeit
ein Gefühl für die bessere Reihenfolge.
Wie gut ein Satz gebaut ist,
merkt man oft erst, wenn man ihn mehrmals umstellt.
Beim Umstellen entstehen mehr oder weniger holprige Sätze
die du mit dem Original vergleichen kannst.
Auf dem Hintergrund der umgestellten Sätze
leuchtet das Original besonders hell.

Stimmt das wirklich?
In der folgenden Tabelle sind drei gute Sätze versteckt.
Findest du heraus,
welches die Originale und welches die Umstellungen sind?

Welcher Satz ist von Franz Hohler?	Wie fängt die Bibel an?	Wie fängt das Märchen von Hänsel und Gretel an?
Zwei Regenwürmer lebten einmal tief unter einem Sauerampferfeld.	Gott schuf am Anfang Himmel und Erde.	Vor einem grossen Walde wohnte ein armer Holzhacker mit seiner Frau und seinen zwei Kindern.
Tief unter einem Sauerampferfeld lebten einmal zwei Regenwürmer.	Himmel und Erde schuf Gott am Anfang.	Ein armer Holzhacker wohnte mit seiner Frau und seinen zwei Kindern vor einem grossen Walde.
Einmal lebten zwei Regenwürmer tief unter einem Sauerampferfeld.	Am Anfang schuf Gott Himmel und Erde.	Mit seiner Frau und seinen zwei Kindern wohnte vor einem grossen Walde ein armer Holzhacker.

Zum Schluss noch Loredanas Text
über den Mann mit den Schildkröten.
Loredana hat die vier Bilder
in die gleiche Reihenfolge gelegt wie Stefan.
Trotzdem ist eine ganz andere Geschichte entstanden.
Loredana beschreibt genau,
was der Mann denkt und fühlt.
Auch der Schluss ist anders.

Bei Stefan ist der Mann verwundert,
bei Loredana ist er wütend.
Du wunderst dich vielleicht über den Grund dieser Wut.
Loredana erklärt,
der Mann könne seine Schildkröte nicht mehr
von der Schildkröte des Nachbarn unterscheiden.
Loredana konnte nicht wissen,
dass der eine Ballon rot und der andere blau ist;
die Lehrerin hat ihr nur
eine schwarzweisse Fotokopie gegeben.
Es ist nicht ganz einfach,
Loredanas Text auf Anhieb zu verstehen.
Das liegt daran,
dass sie in der Eile die Satzgrenzen
nicht immer richtig markiert hat.

Loredana hat
in der zweiten Klasse
einen sehr guten Text
geschrieben.
Darum hat sie
von der Lehrerin
drei Häkchen bekommen.
Die Fehler wird Loredana
später suchen
und korrigieren.

Eines Morgens Erwachte ein Mann.
an disem Morgen Klopftes an
der Tür. der Mann Öfnet die Tür.
er set ein Paket er nimz in sein
Haus. er siet eine schikkröte er Lacht
haha. eine schikkröt Lachter noch mal.
der mann Holte ein Ballon und ein
Kleband. er Klebt der Ballon auf
den Rüken. das er sie nich vekirt.
am andere Morge Last er die
schikkröte aus der Tür. er ist ein
bischien Trauri weil sie so süs ist.
er schaut bis sie ein bischien weg ist
und dan goter wider ins Haus.
am Anderen Morgen schaut der Mann
aus dem fenster. er sit 2 ballone.
er wird ferükt weil seine nabaren
das gleiche gemacht iezt komt
er nicht mehr draus. welches
seinz ist.

Du hast die Geschichte gut erzählt. Man weiss, warum
der Mann fröhlich, traurig und wütend ist.
T ✓✓✓

Loredanas Erfindungen

.   Trage die fehlenden Satzgrenzen in Loredanas Text ein.
Der Anfang eines Satzes wird mit einem Grossbuchstaben markiert.
Das Ende des Satzes mit Punkt, Fragezeichen oder Ausrufezeichen.

..   Auch in Loredanas Text gibt es ein paar gut gebaute Sätze.
Färbe sie.

...   Loredana erzählt, was der Mann denkt und fühlt.
Wie macht sie das?
Unterstreiche die Sätze, in denen man erfährt,
ob der Mann fröhlich, traurig oder wütend ist.

Loredana versucht etwas Schwieriges:
Sie braucht Wörter wie **weil**, **dass** und **damit** .
Diese kleinen Wörter stehen dort,
wo man anfängt zu erklären,
warum und wozu etwas passiert.
Die schwierigste Stelle in Loredanas Text
muss man sehr genau lesen,
bis man versteht, was sie meint:

Er klebt den Ballon auf den Rücken (der Schildkröte),
dass (damit) **er sie nicht verliert.**

Wer so schöne Sätze bauen kann,
darf nicht ausgelacht werden,
wenn ihm noch ein paar Fehler passieren!

Wer selber viel schreibt und liest,
macht sich nicht lustig über die Fehler der andern.
Er interessiert sich für die Geschichte.
Und wenn sie gut ist, freut er sich darüber,
auch wenn es noch ein paar Rechtschreibfehler hat.
Trotzdem musst du mit der Zeit lernen,
Fehler in Texten aufzuspüren und zu korrigieren.
Das Wichtigste ist,
dass du dich selber auf die Suche nach Fehlern machst.

Beim Fehlersuchen ist es wie beim Versteckspielen.
Es gibt Fehler, die man ganz schnell findet.
Andere muss man lange suchen.
Und einige sind so gut versteckt,
dass du sie nicht selber finden kannst.
Das macht gar nichts.
Auch die Erwachsenen finden nicht immer alle Fehler.

Gespür für Fehler

.

Lass dir von einem andern Kind einen Text geben,
bei dem die Fehler korrigiert werden müssen.
Bei welchen Wörtern bist du ganz sicher,
dass sie richtig geschrieben sind?
Unterstreiche sie.

..

Gibt es Wörter, bei denen du ganz sicher bist,
dass sie falsch geschrieben sind?
Schreibe das Wort mit Bleistift richtig darüber.

...

Bestimmt bleiben ein paar Wörter,
bei denen du spürst, dass etwas nicht stimmt.
Kreise sie mit Bleistift ein und übertrage sie in dein Reisetagebuch.
Erkläre, was dich stört.

Beim Schreiben soll man noch nicht an die Fehler denken,
sonst sprudeln die Gedanken nicht mehr richtig.
Die Rechtschreibung kommt immer erst ganz am Schluss.
Am besten lässt du den Text ein paar Tage liegen,
bevor du dich auf die Suche nach Fehlern machst.
Erst wenn du schon fast vergessen hast, was im Text steht,
spürst du Fehler,
die dir beim Schreiben nicht aufgefallen sind.
Jetzt kannst du mit dem Korrigieren beginnen.

Alles fängt damit an, dass du unsicher bist
und dass du dich fragst,
ob man ein Wort so oder anders schreibt.

Wenn du dir diese Frage stellst,
dann hast du das Tor
ins Land der Rechtschreibung aufgestossen.
Dann kannst du mit deinen Entdeckungsreisen beginnen.
Und bald fühlst du dich in der Rechtschreibung
wie zu Hause.

. . . .

Leute, die sich im Land der Rechtschreibung auskennen,
befolgen beim Korrigieren immer zwei Regeln.
Wenn sie bei einem Wort unsicher sind,
schlagen sie im Wörterbuch nach.
Und wenn sie selber keine Fehler mehr finden,
geben sie den Text einer anderen Person zum Lesen.
Weisst du schon, was ein Wörterbuch ist?
Für den Reisenden im Land der Rechtschreibung
ist das Wörterbuch ein ständiger Begleiter:
ein Buch, das er nie liest und doch immer braucht.

. . . .

Wörterbücher

. . . .

.   Wörterbücher sind langweilig,
wenn man sie Seite für Seite liest.
Hast du eine Idee,
was man Lustiges machen könnte mit einem Wörterbuch?

. . . .

..   Jedes Wort hat seine Nachbarn im Wörterbuch.
Wähle ein Wort, das dir gefällt.
Schau dir seine Nachbarn genau an.
Warum stehen sie nebeneinander?
Welche passen gut zueinander,
welche weniger gut?

. . . .

Das Suchen im Wörterbuch braucht Zeit.
Lass dich nicht hetzen.
Beschränke dich am Anfang auf wenige Wörter.
Und schau dich immer ein bisschen um
in der Umgebung deines Wortes.

. . . .

In der Rechtschreibung machst du Fortschritte,
wenn du auch andern Kindern beim Korrigieren hilfst.
Es ist viel leichter,
Fehler bei andern zu entdecken als bei sich selbst.

Rechtschreibung

.   Unterstreiche in deinem Text etwa fünf Wörter,
bei denen du nicht ganz sicher bist,
ob sie richtig geschrieben sind.

. .   Überprüfe diese Wörter mit dem Wörterbuch.
Schreibe sie richtig in dein Reisetagebuch.

. . .   Tausche deinen Text mit einem andern Kind.
Findest du falsch geschriebene Wörter?
Streiche sie mit Bleistift durch und schreibe sie richtig darüber.

Du kannst mehr,
als du denkst!

Was gefällt dir am besten?
Triff eine Wahl!
Zaubere viel hervor.

Blättere wieder einmal zurück in deinem Reisetagebuch.
Ist es nicht schön, zu sehen,
was für Fortschritte du gemacht hast?
Mit Zahlen und Wörtern
kannst du schon einiges hervorzaubern.
Du kannst aufschreiben, was du denkst,
du kannst erklären, was dir gefällt und was du nicht magst,
und du kannst lesen, was andere geschrieben haben.
Hast du deinen Eltern und Bekannten auch schon gezeigt,
was du in der Schule gelernt hast?

Das dritte Schuljahr
ist zu Ende.
Zum Abschluss sind Eltern
und Bekannte eingeladen.
Alle Kinder der Klasse
haben etwas ausgewählt,
was sie dem Publikum
zeigen möchten.

Texte vorlesen

. Niels zeigt, wie er sich auf das Vorlesen vorbereitet.
. Isabelle träumt von einem Wunschgarten.
. Sebnem liest einen Brief vor.
. Marianna präsentiert das neue Morgenlied.

Sätze, Wörter

. Lucia kennt verschiedene Satzformen.
. Anita kennt die Nomen.
. Stefanie kennt die Verben.

Gedichte verstehen

. Vera hat ein Wintergedicht erfunden.
. Esther denkt über ein Frühlingsgedicht nach.

Werken und Gestalten

. Adriana zeigt die Kissen aus der Leseecke.
. Felix blättert im Theaterordner.
. Luca hat Bilder zu einem Text gemalt.

Mathematik verstehen

. Dewi denkt über das Inhaltsverzeichnis des Rechenbuches nach.
. Angela beantwortet Fragen aus dem Uhren- und Geldtest.
. Michèle rechnet mit drei Zahlen.
. Romina schätzt in Einer-, Zehner- und Hunderterschritten.

Mathematik trainieren

. Regula arbeitet mit dem Rechenbuch.
. Antonio trainiert das Einmaleins.
. Aurel rechnet mit Sorten.

Ausserhalb des Schulzimmers

. Natascha berichtet vom Wiesendanger Dorfquiz.
. Claudia weiss viel über Rübensalat.
. Christian erzählt vom Schulgarten.
. Daniela freut sich auf die Schulreise.
. Oliver erklärt das Papageienplakat.

In deinem Reisetagebuch sieht es aus
wie in einer Werkstatt.
In einer Werkstatt steht dies und das herum.
Es gibt Unfertiges, und es gibt auch Abfälle.
Es ist nicht besonders aufgeräumt.
Im Gewirr der Werkzeuge und Maschinen
findet sich ein Besucher kaum zurecht.
So ist es auch in deinem Reisetagebuch.
Es gibt Texte und Bilder, die noch gar nicht fertig sind.
Viele Fehler sind nicht korrigiert.
Bestimmt findest du aber einiges,
was für andere interessant sein könnte.
Wähle etwas aus,
was du einem grösseren Publikum zeigen möchtest.
Überleg dir genau, wie du es herrichten musst,
damit die Besucher sich darüber freuen können.
Beschränke dich auf wenig.
Zaubere viel hervor.

Auftritt vor einem Publikum

Was möchtest du den Eltern und Bekannten zeigen?
Was könnte sie interessieren?
Wähle etwas aus deinem Reisetagebuch aus.

Das Ausgewählte muss für das Publikum hergerichtet werden.
Wie willst du dich auf deinen Auftritt vorbereiten?
Was macht deinem Publikum Freude? Was erwartet es von dir?
Schreibe auf, woran du bei der Vorbereitung denken musst.

Vielleicht hast du in deinem Reisetagebuch
eine Geschichte entdeckt, die du gern vorlesen möchtest.
Ist sie schon perfekt?
Dann musst du nur noch das Vorlesen proben.
Vielleicht hast du damals aber beim Schreiben
noch gar nicht an ein Publikum gedacht.
Dann musst du die Geschichte überarbeiten.
Wie man das macht, weisst du ja schon.

Testen und Überarbeiten

. Teste deine Geschichte mit den folgenden Fragen:
Steht das Interessante und Besondere im Vordergrund?
Ist es spannend erzählt?
Macht der erste Satz neugierig?
Gibt es Überflüssiges, das man wegstreichen könnte?
Hat die Geschichte einen guten Schluss?

.. Hast du viele treffende Wörter gewählt?
Könnte man die Sätze durch Umstellen der Wörter verbessern?

... Zeig deine überarbeitete Geschichte andern Kindern.
Kommt sie gut an?
Was kannst du aus den Rückmeldungen lernen?

Wenn du deine Geschichte überarbeitet hast,
kannst du dir überlegen,
wie du sie deinem Publikum vortragen willst.
Nicht nur das Erzählen, auch das Vorlesen ist eine Kunst.
Wenn die Schauspieler ihre Rollen proben,
stellen sie sich manchmal vor den Spiegel.
Und sie überlegen sich bei jedem Wort
und bei jedem Satz,
wie es tönen soll.
Wenn ihnen die Melodie gefällt,
schreiben sie alles genau in den Text hinein.
Sie machen ein Zeichen,
wenn die Stimme steigt oder fällt,
wenn es schneller oder langsamer geht,
wenn etwas betont wird,
wenn sie bei Pausen den Atem anhalten,
um die Spannung zu erhöhen,
oder wenn sie ausatmen und die Spannung lösen.

Wenn du diese
fünf Ratschläge
beim Vorlesen beachtest,
hören dir alle gerne zu.

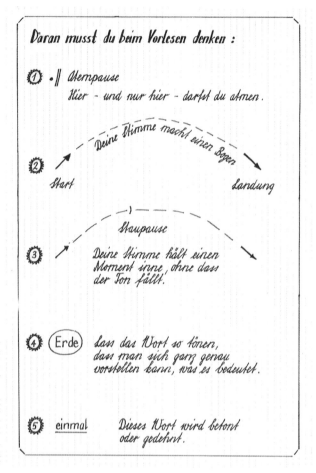

Daran musst du beim Vorlesen denken :

① • ‖ Atempause
Hier – und nur hier – darfst du atmen.

② Start — Deine Stimme macht einen Bogen — Landung

③ Staupause
Deine Stimme hält einen
Moment inne, ohne dass
der Ton fällt.

④ (Erde) Lass das Wort so tönen,
dass man sich ganz genau
vorstellen kann, was es bedeutet.

⑤ einmal Dieses Wort wird betont
oder gedehnt.

Niels hat seinen Text
mit Hilfe der fünf Zeichen
zum Vorlesen vorbereitet.

3. Dezember
Doch plötzlich fuhr der Schlit-
ten über einen kleinen Buckel,
änderte die Richtung und raste auf
den grossen Zaun zu ‖

4. Dezember
Sie öffnete die Haustür, rutschte aus
und purzelte die drei Stufen zum
Gartenweg hinunter ‖

5. Dezember
Die alte Frau Rosenrot sass in ihrem
grossen bequemen Sessel und hatte
den Fuss hochgelegt ‖

Vortragen

. Beim Vortragen macht deine Stimme einen Bogen nach dem andern.
Zeichne den Start und die Landung von jedem Bogen
in deinen Text hinein.

.. Nimm ein breites Blatt Papier.
Schreibe den Text ohne Satzzeichen ab.
Auf einer Zeile muss immer ein ganzer Bogen stehen.

... Zeichne jetzt deine Zeichen für das Vortragen ein:
schnell, langsam, betont, gedehnt, hoch, tief.
Vergiss die Staupausen und die Atempausen nicht.

.... Probe deinen Vortrag auf verschiedene Arten.
Stell dich vor den Spiegel.
Stell dich mitten in die Turnhalle.
Klemm einen Korkzapfen zwischen die Zähne.
Versteht man dich noch gut?

Vielleicht möchtest du deine Geschichte
nicht nur vortragen,
sondern aufschreiben und verschenken.
Dann musst du sie nicht nur für das Ohr,
sondern auch für das Auge herrichten.
Du musst ein schönes und passendes Papier wählen,
auf dem sie richtig zur Geltung kommt.
Du musst dich für eine schöne Schrift entscheiden,
und du musst natürlich alle Fehler korrigieren,
bevor du mit Schreiben anfängst.
Vielleicht verzierst du dein Blatt noch ein bisschen
oder machst eine Zeichnung dazu.
Wenn das Publikum deine Geschichte nur sieht
und nicht hört,
muss auf deinem Blatt alles ganz genau stimmen.
Sonst merken die Leute nicht,
was in deiner Geschichte steckt.

Vorzeigen

.   Sorge dafür, dass es in deinem Text keine Fehler hat.
Bei welchen Wörtern bist du unsicher? Schlag im Wörterbuch nach.
Lass andere Kinder nach Fehlern suchen.
Bist du jetzt ganz sicher,
oder brauchst du noch einen erwachsenen Helfer?

..   Leg alles bereit, was du zum Schreiben brauchst:
passendes Papier, Schreibzeug, Lineal, Gummi.
Wie malst du den Titel?
Wie breit und wie hoch sind die Linien?
Wo hat es Platz für ein Bild?
Vergiss deinen Namen und das Datum nicht.

Es ist schön,
etwas vorzuzeigen oder vorzutragen.
Es ist aber auch schön,
im Publikum zu sitzen und sich überraschen zu lassen.
Schlimm ist es,
wenn die Menschen im Publikum schlafen.
Wenn sie bloss dasitzen und nicht zeigen,
wie sie die Vorführung finden.

In der Schule erlebst du viele Auftritte.
Vieles wird dir erklärt.
Und viele schöne Bücher laden dich
zum Rechnen, Schreiben und Lesen ein.
Für alle diese Auftritte bist du das Publikum.
Nicht alles wird dir gleich gut gefallen.
Einiges macht dir vielleicht sogar Angst.
Darum ist es wichtig,
dass du die Dinge genau anschaust,
die auf dich zukommen,
und dass du sagst, wie du dich fühlst.
Manchmal ist es sogar nötig,
dass du widersprichst.
Lass dich herausfordern, aber nicht erschrecken.
Lass dich verzaubern, aber nicht gefangennehmen.

Den meisten Kindern
gefällt das Gedicht
von Elberta H. Stone.
Esther hat es
mit einem schönen Bild
verziert.

Ich bin froh, daß ich bin, wie ich bin

Wenn ich allein bin,
weil keiner kommt und mit mir spielt,
dann denke ich mir aus,
was ich gern sein möchte.

Manchmal denke ich:
Es wäre schön, ein Baum zu sein.
Dann könnt ich meine Zweige recken,
bis sie an den Himmel reichten.
Dann aber denke ich:
Wer möchte schon ein Baum sein?
Ich bin froh, daß ich bin, wie ich bin.

Manchmal denke ich:
Gern würde ich ein Vogel sein.
Dann stieg ich in die Lüfte auf
und flöge weit von hier.
Dann aber denke ich:
Nein, ein Vogel möchte ich nicht sein.
Ich bin froh, daß ich bin, wie ich bin.

Manchmal denke ich:
Ich möchte eine Wolke sein.
Hoch droben würd ich segeln um die Welt
und alles mir besehen.
Dann aber denke ich:
Auch eine Wolke möcht ich nicht sein.
Ich bin froh, daß ich bin, wie ich bin.

Ich bin froh, daß ich bin, wie ich bin.
Zwei Augen habe ich zum Sehen,
zwei Ohren, die vernehmen jeden Laut.
Ich habe einen Mund, der sprechen kann,
zwei Beine, die mich vorwärts tragen.
Ich hab zwei Hände, um zu streicheln, was ich liebe.

Ich bin froh, daß ich bin, wie ich bin.
Elberta H. Stone

Isabelle ist anderer
Meinung.
Sie widerspricht.
Und sie braucht
das Gedicht,
um zu sagen,
wie sie gern sein möchte.

Ich möchte nicht so, sein
wie ich bin:

Ich möchte die Haarfarbe
von Esther und so lange
Haare wie Frau Kleb und
die Stimme von Ariel und
die Grösse von Angela.
Warum ich das möchte?
Weil ich finde, dass ich
so grausig aussehe, weil
ich zu klein bin für neun
Jahre und ich diese komische
Haarfarbe habe. Zum Glück
gefallen mir die blauen
Augen und die kleine herzige
Stupsnase. Aber die dicken
und breiten Füsse sollten dünner
und länger sein.

Vor allen Kindern der dritten Klasse
liegt ein neues Büchlein.
Das Buch – Dein Freund steht auf dem Umschlag.
Was versteckt sich wohl hinter diesem merkwürdigen Titel?
Die vielen Seiten machen fast ein wenig Angst.
Beim Blättern merken die Kinder bald,
dass hier viele Bücher Freunde suchen.
Es ist fast wie im Theater.
Ein Buch nach dem andern tritt kurz auf und stellt sich vor.
Wie soll man in einer so grossen Gesellschaft
Freunde finden?
Die Lehrerin gibt den Kindern ein paar Sätze,
die ihnen helfen, eine gute Wahl zu treffen.

Welcher Satz
erklärt am besten,
was du empfindest?

Zugänge zu etwas Neuem

Das nimmt mich wunder.
Darunter kann ich mir etwas vorstellen.
Das macht mir Angst.
Das bringt mich auf eine Idee.
Das könnte langweilig sein.
Das könnte spannend sein.
Das macht mich neugierig.
Da bin ich anderer Meinung.
Das kenne ich schon.
Das interessiert mich besonders.

Beni hat sich zuerst im Inhaltsverzeichnis umgesehen.
Unter den vielen Buchtiteln
springen ihm drei besonders in die Augen.
Er schreibt jeden Titel ab und erklärt,
warum das Buch besonders gut zu ihm passt.

Beni hat seine Wahl getroffen.
Er beschreibt, was er von den drei Büchern erwartet.
Und er hat sogar noch einen neuen Satz gefunden, der beim Suchen hilft:
Da habe ich eine Vermutung.

Das bringt mich auf eine Idee
Seite 2 Neben mir ist noch ein Platz

Da denke ich gerade an das Spiel:
Links neben mir ist noch ein Platz
leer und ich wünsche mir .... hen.
handelt es sich wohl im Buch auch
um das Spiel? Ich glaube es eher nicht.

Da habe ich ein Vermutung
Seite 6 22 ein Serafin

Den meine Grosmutter hat ein Buch das
heisst Serafin und seine Freunde. Das
ist mein Lieblingsbuch bei Grosmutter
den Serafin macht aus einem verfalenen
Haus eine Villa aus ein Par zakenräder
und sons noch irgendwas und er hat
etwas gebastet. So wie Serafin möchte ich
auch sein. Vielleicht ist es der 2.oder 3.
Band von Serafin? Ich finde es ein Zufall
dass das Buch in dem Heft auch Serafin
heisst.

Darunter kann ich mir etwas vorstellen
Seite 20 Mein erstes grosses Batterien +
Magnetbuch

Das möchte ich gerade lesen den ich habe
ein Buch das heisst: 1001 Wunder aus
Forschung und Technik und ein
Elektrikkasten weil ich mich für Technik
und Wissenschaft intresive. Bekam
ich diese Sachen das ich meine Mutter
oder meinen Vater nicht immer fragen
muss.

Auch in der Mathematik
bekommen die Drittklässler ein neues Buch.
Das ist ein grosser Auftritt.
Aber die Kinder lassen sich nicht mehr
so leicht erschrecken.
Sie wissen jetzt,
wie man unter vielen Fremden Freunde findet.
Man muss sich nur alles in Ruhe anschauen.
Und schon bald entdeckt man da und dort
etwas Bekanntes.

So sieht das Inhalts-
verzeichnis im Rechenbuch
von Natascha, Stefanie
und Niels aus.

128 **Inhaltsverzeichnis**

Natascha teilt gern,
weil sie gern lieb und
gerecht ist.

21.8.91

Das kenne ich schon.
Seite 113 Zeit
Ich kenne die Zeit schon,
die Zeit zu lernen ist nicht einfach
aber wen man sie kann ist es
einfacher. Und jezt hab ich
immehr eine Uhr an.

22.8.91
Darunter kann ich mir etwas vor-
stelen Seite 68 Teilen mit Rest
Ich vinde teilen schön es gibt
ja Kindern die nicht sein Butterbr-
ot teilen könen weil sie nicht sehr
lieb siend aber es gibt ja Kindern
die seine Bonbons teilen. Ich schreib ein beispil wen ich 10 Bonbons
habe und jezt Regula kommt
und sagt darf ich ein Bonbons
dann teile ich mit ier dann
gib ich ier 5 Bonbons und ich
hab auch 5 Bonbons dann und
dan siend wir kwit ich vinde
teilen schön.

Beim Skilift denkt
Stefanie nicht nur
ans Rechnen.

Davor habe ich Angst.
Seite 67: Kinder am Skilift

Ich habe Angst davor weil
die rechnungen schwer sein könnte
auf seite 67. Und ich habe Angst
aus dem Skilift heraus zu falen.

Niels weiss,
dass das Thema Zeit
nicht nur in der
Mathematik wichtig ist.

Das bringt mich auf eine Idee.
S.113: Zeit.

Ich habe das Buch Momo gelesen.
Das ist ein Zeitbuch. Ich will euch
der Zusammenhang erzählen. Ein kleines
Mädchen zog in ein Amphitheater.
Es bekam fiele Freunde.

Fremdem begegnen

Blättere in einem Buch, das dir noch fremd ist.
Findest du etwas, was zu dir passt?

Mach dir ein paar Gedanken zum Inhaltsverzeichnis.
Du hast ja ein paar Sätze, mit denen du anfangen kannst.
Probiere sie aus.

Jetzt hast du schon viele Ideen, wie du ganz allein
mit einem fremden Buch arbeiten kannst.
Fang nicht einfach vorne zu lesen an.
Blättere immer zuerst das ganze Buch durch
und mach dir Gedanken zu allem, was dir auffällt.
So bekommst du einen Überblick und merkst,
wie du am besten mit dem Buch arbeitest.
Probier es doch auch einmal!
Zum Beispiel mit dem Rechenbuch.
Du kannst mehr, als du denkst!

So kannst du mit deinem Rechenbuch selbständig arbeiten

Auf den Seiten _____ bis _____ arbeite ich vom _____ bis am _____

Überblick gewinnen

Schau dir jede Aufgabe genau an. Welcher Satz passt zu ihr? Schreibe die Nummer des Satzes neben die Aufgabe.

1. Diese Aufgabe kann ich rasch lösen.
2. Bei dieser Aufgabe bin ich unsicher.
3. Diese Aufgabe kann ich lösen, aber ich brauche noch viel Zeit.
4. Diese Aufgabe verstehe ich überhaupt nicht.
5. Für diese Aufgabe hole ich mir Hilfe bei einem anderen Kind.

Trainieren

Wähle aus dem Rechenbuch Aufgaben aus, die du mit der Stoppuhr lösen willst.

1. Trainiere, bis du sicher bist.
2. Such dir jemanden, der die Zeit misst und die Lösungen kontrolliert.
3. Bei der Lehrerin kannst du Zusatzaufgaben holen.

Erfinden

Lehrerinnen und Lehrer müssen immer wieder Aufgaben erfinden. Das kannst du auch. Vielleicht bringt dich das Rechenbuch auf eine Idee.

1. Eine solche Rechnung kann ich auch erfinden.
2. Zu dieser Rechnung fällt mir eine Geschichte ein.
3. Diese Aufgabe gefällt mir nicht. Ich ändere sie ab.
4. Ich erfinde eine leichte, schwierige, verwirrende oder unlösbare Aufgabe für ein anderes Kind.
5. Ich gestalte ein Arbeitsblatt mit Trainingsaufgaben für ein anderes Kind.

Lucia hat einen Trick,
um Überblick zu gewinnen.
Sie hüpft rasch von
einem Aufgabenstöckchen
zum andern.
So bleibt sie wach
und merkt schnell,
was sie kann und
wo sie noch unsicher ist.
Viele Aufgaben
kann sie rasch lösen,
darum hat sie
eine eingekreiste Eins
dazugeschrieben.

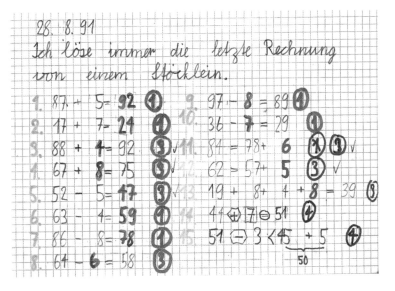

In der Schule erlebst du auch ganz kleine Auftritte,
Auftritte von Gedichten zum Beispiel.
Gedichte kommen oft ganz bescheiden daher.
Sie treten anders auf als Geschichten oder gar Bücher.
Meistens sind sie ganz kurz.
Trotzdem muss man sich viel Zeit nehmen für sie.
Jedes Wort dreht und wendet sich vor dir
und möchte besonders beachtet werden.
Gedichte kannst du nur verstehen,
wenn du ganz still wirst
und gut achtgibst auf alles,
was dir beim Zuhören einfällt.
Schreibe alles auf,
was dir durch den Kopf geht,
und sprich mit andern Kindern darüber.
Jedes sieht und hört wieder etwas anderes,
und wenn du alles zusammen anschaust,
merkst du,
wie wenig Wörter es braucht,
um an viele Gefühle, Bilder und Erlebnisse zu erinnern.

Die Kinder
der zweiten Klasse haben
zwei Regengedichte
erhalten.
Vera erklärt,
warum sie das Gedicht
von Hans Georg Lenzen
gewählt hat.

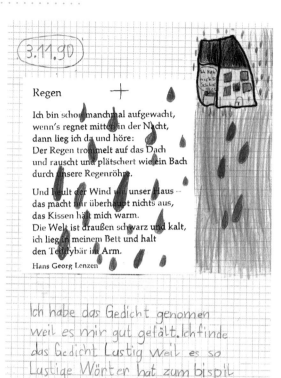

3.11.90

Regen

Ich bin schon manchmal aufgewacht,
wenn's regnet mitten in der Nacht,
dann lieg ich da und höre:
Der Regen trommelt auf das Dach
und rauscht und plätschert wie ein Bach
durch unsere Regenröhre.

Und heult der Wind um unser Haus –
das macht mir überhaupt nichts aus,
das Kissen hält mich warm.
Die Welt ist draußen schwarz und kalt,
ich lieg in meinem Bett und halt
den Teddybär im Arm.

Hans Georg Lenzen

Ich habe das Gedicht genomen
weil es mir gut gefält. Ich finde
das Gedicht Lustig weil es so
Lustige Wörter hat zum bispil
plätschert oder trommelt.

Die schönen Bilder
zum Gedicht von
Josef Guggenmos
hat Daniela gemalt.
Für den Text ist ihr
nur noch wenig Zeit
geblieben.

5.11.90

Regen

Es regnet ohne Unterlaß.
Bald
ist in Feld und Wald
jedermann naß.

Dem Hasen regnet's auf sein Fell.
Dem Förster auf den grünen Hut.
Dem Bussard auf sein Federkleid.
Dem Wildschwein auf die Borsten –
das freilich tut mir gar nicht leid.

Hat es zu regnen aufgehört,
rinnt es noch lang von den Zweigen,
tropf,
tropf,
Selbst der Uhu im Baum,
der es trocken hat,
schüttelt den Kopf.

Josef Guggenmos

Mir geflt Regen gedicht von Tiren.
Von dem Hasen und vom dem Först-
ert Bussard und noch auch dem Wildschwein ndem Uhu.

Wahl eines Gedichts

. Welches der beiden Regengedichte gefällt dir besser?
  Lies es genau durch.
  Sprich es leise vor dich hin.
  Schliess die Augen und stell dir ein Bild vor.
  Male das Bild mit allen Einzelheiten in dein Reisetagebuch.

.. Warum hast du gerade dieses Gedicht gewählt?
   Begründe deine Wahl im Reisetagebuch.

... Wie haben die andern Kinder gewählt?
    Lies, was sie geschrieben haben.

**Fabio denkt beim ersten Regengedicht
nur an den Teddybär.
Alle andern Wörter haben bei ihm keine Chance.
Beim zweiten Gedicht dagegen sieht er sofort ein Bild.
Fabio hat seinen Text einen Tag später nochmals gelesen.
Fünf Wörter hat er unterstrichen,
weil er unsicher war, ob sie richtig geschrieben sind.
Dann hat er im Wörterbuch nachgeschaut.
Nur drei der fünf Wörter musste er ändern.**

Fabio stellt sich genau vor, wie die Tiere den Regen erleben.

Fabio kann genau begründen, warum er das zweite Gedicht gewählt hat.

> Ich habe die 2 Gedichte gelesen und als ich das Gedicht von dem Wald gelesen habe, habe ich mir ein Bilt vor gestelt. Als ich mir das Bild vorgestelt habe ist mir auf gefalen das es grün ist.
> Ich habe gemerkt das das Gedicht nicht nur um den Regen handelt sondr auch noch um Tiere.
> Als ich das Gedicht von dem Wald gelesen habe und das von dem Teddybär hab ich beim Teddybär Gedicht nicht gewust was ich zeichnen mus.
> Den zweitletzten Satz hat mir am besten gefalen
> Hat es zu regnen aufgehört,
> rinnt es noch Lang von den Zweigen, tropf, tropf.
>
> 6:6 99   ///
> Ich arbeite mit dem Rechtschreibauftrag
> > vorgestellt
> > Bild
> > aufgefallen
> > gemerkt
> > handelt

Vieles kann dir gefallen am Auftritt eines Gedichts.
Vielleicht ist es die Wahl der Wörter oder der schöne Klang.
Vielleicht erinnert dich das Gedicht an ein eigenes Erlebnis,
oder es öffnet dir die Augen für Dinge,
die du noch nie beachtet hast.
Wie ist es mit diesen beiden Wintergedichten?

Welches Gedicht gefällt dir besser?

Das links stammt von Rita Peter, das rechts von Josef Guggenmos.

Schneeflocken	*Spuren von winzigen Zehen*
Schneeflocken	Was ist da im Schnee zu sehen?
sind nicht einfach Flocken,	Spuren von winzigen Zehen.
die dir auf die Kappe hocken	
und auf Nachbars Baum.	Eine kleine Maus –
Schneeflocken	hier kam sie heraus!
sind Wundersterne!	Verschwunden ist sie, husch,
Manchmal	in jenem Loch vor dem Haselbusch.
möchte ich sie gerne	
haschen und für mich fangen.	Zwischen den Tritten
Aber kaum	fein
auf der warmen Hand,	ein Strich.
ist das Wunder vergangen.	Was kann's sein?
Ich habe nur	Da zog es das Schwänzlein
Tropfen gefangen.	hinter sich drein.

**Dewi und Niels wissen schon gut,
wie man Gedichten begegnet.
Sie hören genau zu
und lassen sich zu eigenen Texten anregen.**

Es ist Winter geworden.
Die Zweitklässler haben
schon mehr Erfahrung
mit Gedichten.
Dewi fasziniert,
wie aus Schnee
Wasser wird.

Ich habe das Gedicht ausgewählt
weil, ich und meine Schwester in
einer kleinen Pfanne ein bischen
Schnee hineingetan, dann haben wir
einbischen gewartet, und als ich wieder
kam war es nur noch Wasser Tropfen.
Ich habe von draussen Schnee geholt und
habe denn Schnee auf die Heizung
gelegt, dann habe ich die Heizung
angeschallet, und der Schnee war
ganz lansam vergangen. Mir hat
das Wort Wundersterne gut gefallen.
Ich habe manchmal auch die Schnee-
flocken fangen wollen. Das Wort
haschen habe ich noch nie gehört.

Die Spur
der winzigen Maus
erinnert Niels
an Vogelspuren,
die plötzlich aufhören.

Ich nahm dieses Gedicht, weil
alles so lustig winzig ist.
Manchmal finde ich das auch
nicht schön, dann denke ich:
Blödes Pingelizeug, das nehme
ich nicht. Aber jetzt finde ich das
schön. Mein Vater erfand ein neuer
Spezalhundespaziergangweg das ist
bei uns bekant. Es ist ein guter
weg zum mit dem Hund spazieren
gehen. Dort hat es im klaren Schnee
Vogelspuren: Irgendwo fangen kleine
Tupfen an, bis man die Flügelspuren
siht, da ist er weggeflogen.

Wer sich so intensiv mit Gedichten befasst,
vergisst bald einmal, dass er im Publikum sitzt.
Plötzlich kommt die Lust, selber ein Gedicht zu machen.
Aus wenigen Wörtern kannst du viel hervorzaubern.
Wie wäre es mit dieser kleinen Liste?

Acht Nomen, acht Verben
und acht Adjektive
aus drei Frühlingsgedichten

Frühling	flattern	holzbraun
Amsel	blühen	leise
Gummiball	brummen	blau
Veilchen	träumen	golden
Apfelbaum	horchen	duftend
Düfte	summen	ahnungsvoll
Bienchen	springen	fröhlich
Sonne	singen	wohlbekannt

Diese 24 Wörter stammen aus drei Frühlingsgedichten.
Sie sind hier bunt durcheinandergemischt.
Vielleicht fügen sie sich unerwartet
zu einem neuen Gedicht.

Wörter, die in einen Text passen

. 	Welche Wörter könnten zusammen im gleichen Gedicht vorkommen?
Bilde mit den Wörtern, die gut zusammenpassen, kleine Gruppen.

.. 	Kannst du dir vorstellen,
wie ein Dichter aus deinen Wortgruppen Sätze bauen würde?
Probiere verschiedene Möglichkeiten aus.

... 	Was für weitere Wörter könnten in ein Frühlingsgedicht passen?
Verlängere die drei Kolonnen der Tabelle!

Es gibt viele Wörter, die an den Frühling erinnern.
Fallen dir zu jeder Kolonne weitere Beispiele ein?
In der ersten Kolonne stehen die Nomen,
in der zweiten die Verben, in der dritten die Adjektive.

Ein Adjektiv ist ein Wort, das immer
zwischen einen Begleiter und ein Nomen hineinpasst.

Zum Beispiel: **Eine süsse Frucht fällt vom Baum.**

Das weisst du schon.
Du kannst das Adjektiv aber auch neben ein Verb stellen.
Adjektive kannst du gut brauchen, wenn du sagen willst,
wie es im Frühling riecht oder tönt:

Der Duft ist süss.
Die Melodie klingt süss.

So hat Natascha die Wörter
aus der Tabelle gruppiert.

Aus jeder Wortgruppe hat Natascha einen Satz für ein Frühlingsgedicht gemacht.

① Der holzbraune Käfer sitzt an der Sonne und horcht der Mutter zu.

② Die Amsel träumt, und pfeift ganz leise.

③ Das Veilchen fängt an zu blühen und beginnt an zu duften.

④ Der Frühling ist gekommen die Kinder spielen draußen und sind fröhlich. Die alten Leute brummen, weil die Kinder zu viel Lärm machen.

⑤ Das Veilchen duftet, ein Schmetterling hat sich auf das Veilchen gesetzt und flattert fröhlich. *Im Frühling sind mir Düfte wohlbekannt. * 11

⑥ Der Apfelbaum hat wunderschöne goldene Äpfel. Hans singt und pflückt einen Apfel.

⑦ Peter spielt mit dem Gummiball und summt ein Lied, ahnungsvoll kommt Hans und nimmt Peter den Gummiball weg.

Du hast jetzt viele Wörter zum Frühling:
Nomen, Verben und Adjektive.
Traust du dir zu, daraus ein Gedicht zu machen?
Beschränke dich auf wenig, zaubere viel hervor!

Natascha hat einen
ersten Versuch gewagt.

29.5.92

Der Mai

Die Blumen fangen an zu blühen.
Die Bäume bekommen Knospen.
Die Amseln beginnen an zu pfeifen.
Im Wald gibt es
junge Tiere.
Die Leute setzen Blumen
(und Gemüse) in ihrem Garten.
Die Welt freut sich
dass der Frühling gekommen ist.
Ich lausche manchmal
mit meinen Ohren,
wie die Amseln pfeifen.

Die Lehrerin hat Natascha
beim Überarbeiten
geholfen.
Sie hat den Text abgetippt
und da und dort etwas
umgestellt oder
weggelassen.
So ist ein schönes
Frühlingsgedicht
entstanden.

Im Mai

Blumen blühen.
Bäume bekommen Knospen.
Eine Amsel pfeift.
Im Wald gibt es junge Tiere.
Im Garten setzen die Leute
Blumen und Gemüse.
Die Welt freut sich,
dass der Frühling gekommen ist.
Ich lausche manchmal,
wie die Amsel pfeift.

Natascha

Zum Schluss bekommst du noch die drei Gedichte,
aus denen die Wörter der Tabelle stammen.
Esther hat damit eine schöne Seite
im Reisetagebuch gestaltet.
Das blaue Band, das durch die Lüfte flattert,
hat es ihr besonders angetan.
Sie malt es und erklärt,
woher es ihrer Meinung nach kommt.
Ganz am Rand hat sie ein winziges Muster gezeichnet.
Natürlich hat sie nicht gewusst,
dass sich die Menschen schon vor mehr als 2000 Jahren
an einem solchen Muster erfreut haben.
Es zeigt, wie man aus einem Quadrat
ein doppelt so grosses macht.

So sieht es
im Reisetagebuch
von Esther aus.
Findest du alle Wörter
aus der Tabelle.

Das Gedicht **Er ist's** von Eduard Mörike hat Esther am besten gefallen.
Sie erzählt, was sie sich beim Lesen alles vorgestellt hat.
Was hältst du von ihrer Erklärung zum blauen Band?

Als ich das Gedicht durch las
stoppte ich gleich beim ersten
Satz. Er ging so: Frühling lässt
sein blaues Band wieder flattern
durch die Lüfte. Ich denke,
vor langer langer Zeit war das
Wetter immer strahlend schön.
Aber auf einmal dachte der
liebe Gott es ist nicht schön
wenn das Wetter immer so schön
ist. Er nahm ein Band mit
vielen Wolken dran und raste
durch den Himmel. Überall wo
er dann durch raste, waren
nachher Wolken zu sehen.
Den Menschen gefiel das ganz
gut. Nun gab es Sonnenwetter
und Regenwetter. Im Gedicht
gibt es noch einen so schönen
Satz, er geht so: Veilchen
träumen schon, wollen balde kommen.
Bei uns im Garten, gibt es auch
Veilchen. Zuhause haben Judith und
ich einen Garten. Vor dem Garten
sind Steinplatten, dort wuchs
bei uns ein Veilchen. Zuerst wollten
wir es in den Garten setzen. Aber
weil man es nicht so gut aus-
stechen konnte, ließen wir es
dort.

Anhang

Brevier für Erwachsene
Achtzig Aufträge im Überblick

58	Äpfel und Würmer	Das agile Hin und Her zwischen abstrakter Struktur und konkreter Anschauung kennzeichnet das mathematische Denken, gibt Anlass zu Diskussionen und erzeugt persönliche Befriedigung.
60	Lösbares und Unlösbares	Wer sich beim Rechnen immer etwas vorstellt, kommt nicht in Versuchung, rechts und links eines Gleichheitszeichens unterschiedliche Sorten zu notieren.
61	Vorstellen	Sehen ist ein höchst aktives Tun: Wir müssen unsere inneren Bilder und Vormeinungen an die Welt herantragen, dann öffnet sie sich.
62	Weisse Linien beim Lesen	Wer einen Text gut vorlesen will, muss mit den Augen vorauseilen und zusammengehörige Wörter als Gruppe einfangen.
63	Innere Bilder	Je eigenständiger und eigenwilliger wir die Dinge zurechtlegen, die wir uns merken wollen, desto dauerhafter sind sie im Gedächtnis verankert.
64	Malbrille	Wer mathematische oder sprachliche Stukturen mit sich herumträgt, entdeckt überall aufschlussreiche Zusammenhänge.
67	Messen	Um die universelle Bedeutung der normierten Masseinheiten würdigen zu können, muss man ausgiebig in selbsterfundenen Sorten gezählt haben.
69	Lieblingssorten	Wer professionell mit Masseinheiten zu tun hat, achtet streng darauf, dass er nicht mit gemischten Sorten rechnen muss.
70	Namenwörter und ihre Geschichten	Das Verständnis für Namenwörter fängt mit dem Entwickeln von inneren Vorstellungen an, nicht mit Tasten. Bevor ich mich für den Namen von irgend etwas zu interessieren beginne, muss ich es in Gedanken einkreisen und mir seine Geschichte vergegenwärtigen.
71	Einkreisen und Erraten	Um Dinge erraten zu können, muss man sich Eigenschaften vorstellen.
72	Sortieren	Je mehr Eigenschaften ein Ding hat, desto weniger Exemplare gibt es davon. Für jede Eigenschaft gibt es im Venn-Diagramm einen Fladen. Ein Ding mit mehreren Eigenschaften liegt dort, wo sich die Fladen überlappen: in der Schnittmenge.
73	Sinne und Sorten	Mit Adjektiven kann man hervorheben, was bei verschiedenen Dingen gleich ist und was sie von andern Dingen mit andern markanten Eigenschaften unterscheidet.

. . . .

Reisen ins Reich der Wörter und der Zahlen

81	Rückmeldung	Wer schreiben lernt, braucht wohlwollende Testleser. Wenn Kinder Texte von ihresgleichen lesen, merken sie schnell, was gelungen ist und was sie selber besser machen könnten.
84	Vorschau	Wenn die Lehrperson die Fachziele nicht offenlegt, kann das Kind das Lernen nicht als Reise erleben.
86	Von einem Ort zum andern	Das Verb haucht den Dingen Leben ein, weil es sie in der Zeit verankert: Aus dem Fotoalbum wird ein Film.
89	Verben suchen und Sätze bauen	Das Verb ist die zentrale Ordnungskraft im Satz. Beim Zeichnen des Satzbaumodells wird seine Dynamik sichtbar. Dabei treibt man auch ein wenig Geometrie.
91	Satzgrenzen	Punkt, Fragezeichen und Ausrufezeichen markieren die Grenze, wo sich die Kraft der Verben erschöpft. Ein Gefühl für die Satzgrenzen entsteht beim spielerischen Ausprobieren verschiedenster klanglicher und rhythmischer Varianten. Lieber einen Satz auf zehn Arten vortragen, als zehn Sätze auf eine Art.

. . . .

. . . .

Man kann so, aber auch anders

. . . .

. . . .

Welche Reihenfolge ist besser?

. . . .

. . . .

Du kannst mehr, als du denkst!

. . . .

Quellenverzeichnis

Seite 14	René Camenzind: Spuren im Schnee (Foto). Brückenbauer (Nr. 2), Zürich 1979.
Seite 16	Meyers Enzyklopädisches Lexikon in 25 Bänden. Bibliographisches Institut, Mannheim/Wien/Zürich 1971, Band 2, Abbildung 1, Seite 68.
Seite 17	Von der Urgeschichte bis zum Werden der abendländischen Völkergemeinschaft. Moritz Diesterweg, Frankfurt am Main/Berlin/Bonn 1960, Abbildung Seite 3.
Seite 18	Kunst im Bild. Europäische Vorzeit. Holle Verlag, Baden-Baden 1968, Abbildung Seite 46.
Seite 18	Kunst im Bild. Europäische Vorzeit. Holle Verlag, Baden-Baden 1968, Abbildung Seite 48.
Seite 21	Johannes Friedrich: Geschichte der Schrift. Universitätsverlag C. Winter, Heidelberg 1966, Abbildung 14, Seite 189.
Seite 23	Johannes Friedrich: Geschichte der Schrift. Universitätsverlag C. Winter, Heidelberg 1966, Abbildung 7, Seite 187.
Seite 29	Johannes Friedrich: Geschichte der Schrift. Universitätsverlag C. Winter, Heidelberg 1966, Abbildung 42, Seite 202.
Seite 38	Daniel Lienhard: Kinderalphabet. Zürich 1993.
Seite 39	Meyers Enzyklopädisches Lexikon in 25 Bänden. Bibliographisches Institut, Mannheim/Wien/Zürich 1971, Band 5, Abbildung Seite 620.
Seite 41	Gerhard Becker: Das Rechnen mit Münze, Mass und Gewicht seit Adam Ries. Materialien und Studien zur Alltagsgeschichte und Volkskultur Niedersachsens. Museumsdorf Cloppenburg 1994, Abbildung Seite 74.
Seite 61	Gaetano Kanizsa: Subjective Contours. Scientific American 234 (Nr. 4), New York 1976, Abbildung Seite 48.
Seite 103, 106	Sergej Prokofjew: Peter und der Wolf. Copyright Der KinderbuchVerlag, Berlin.
Seite 109	Max Bolliger: Eine Zwergengeschichte. bohem press, Zürich/Recklinghausen/Wien/Paris 1983.
Seite 163	Duden 8. Sinn- und sachverwandte Wörter. Bibliographisches Institut, Mannheim/Wien/Zürich 1986, Seite 243 – 244.
Seite 165	Hans Jürgen Press: Jakobs Abenteuer, Comics vom kleinen Herrn Jakob. Bilder, die Geschichten erzählen. Otto Maier Verlag, Ravensburg 1981.
Seite 170	Franz Hohler: Der Granitblock im Kino. Luchterhand, Darmstadt 1981, Seite 8.
Seite 172	Hans Jürgen Press: Jakobs Abenteuer, Comics vom kleinen Herrn Jakob. Bilder, die Geschichten erzählen. Otto Maier Verlag, Ravensburg 1981.

Seite 193	Elberta H. Stone: Ich bin froh, dass ich bin, wie ich bin. Aus Hildegard Krahé (Hrsg.): Ich reise nach Amerika, und wer will mit? H. Ellermann Verlag, München 1973.
Seite 196	Wege zur Mathematik. 3. Schuljahr, Lehrmittelverlag des Kantons Zürich, Zürich 1991, Seite 128.
Seite 200	Hans Georg Lenzen: Regen. Aus H. Joachim Gelberg (Hrsg.): Die Stadt der Kinder. Georg Bitter Verlag, Recklinghausen 1969, Seite 72.
Seite 200	Josef Guggenmos: Regen. Aus Josef Guggenmos: Was denkt die Maus am Donnerstag? Deutscher Taschenbuch Verlag, München 1973, Seite 45.
Seite 202	Rita Peter: Schneeflocken. Aus Rita Peter: Die Amsel und die Wolken. Orell Füssli Verlag, Zürich/Schwäbisch Hall 1983, Seite 92.
Seite 202	Josef Guggenmos: Spuren von winzigen Zehen. Aus Josef Guggenmos: Was denkt die Maus am Donnerstag? Deutscher Taschenbuch Verlag, München 1973, Seite 96.
Seite 208	Ilse Kleberger: Frühling. Aus H. Joachim Gelberg (Hrsg.): Die Stadt der Kinder. Georg Bitter Verlag, Recklinghausen 1969.
Seite 208	Eduard Mörike: Er ist's. Aus Eduard Mörike: Werke in einem Band. Herausgegeben von Herbert G. Göpfert. Carl Hanser Verlag, München/Wien 1977.
Seite 208	Mascha Kaléko: Der Frühling. Aus Mascha Kaléko: Wie's auf dem Mond zugeht und andere Verse. Blanvalet, Berlin 1971.

Register

. . . .